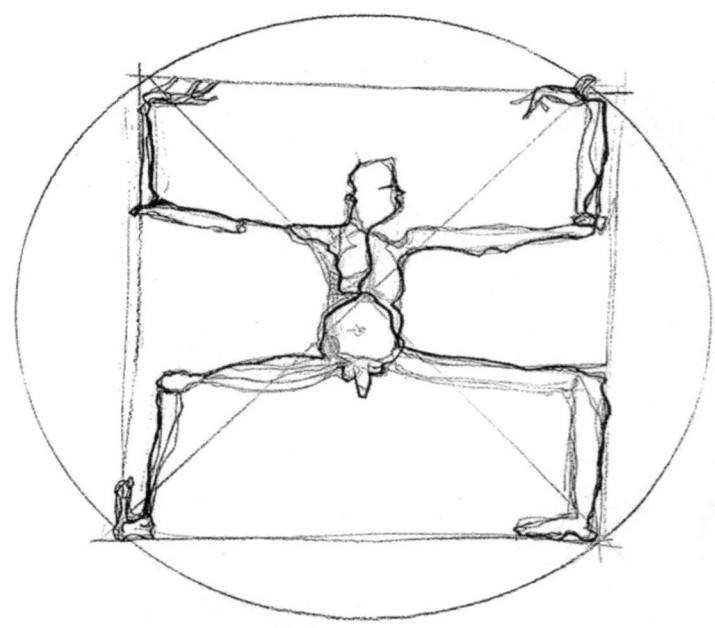

Am ersten Tag schuf Gott das Quadrat, am vierten den Kreis, am letzten den Menschen.
Dem blieb nun nichts anderes mehr übrig, als sich den Dingen zu fügen./Günter Specht

Franziska Röchter (Hrsg.)

Halt! Dich! fest!
Im Labyrinth der Blindfische

Seltsam Komisches aus
dem Irrgarten des Lebens

chiliverlag

Von **Franziska Röchter** sind im chiliverlag erschienen:

Der Fisch ist Käse - Veggie? Voll logisch!
Jugendliche erklären ihr Essen (2012)
Vom VEBU nominiert für die Wahl zum Veggie-Sachbuch 2013!
Pfeffrige Sünde - Habanero Red
Erotische Lyrik (2012)
Loser, Streber, Hirnis, Nerds
Vom Mobben, Lernen, sich Bilden... (2013)

1. Auflage Februar 2013
(c) chiliverlag, Franziska Röchter, Verl
franchili / 3

Die Rechte an den einzelnen Texten liegen bei den Autoren.

Detaillierte bibliographische Daten sind unter http://dnb.ddb.de
bei der Deutschen Nationalbibliographie abrufbar.

Lektorat, Umschlagsgestaltung, Layout: Franziska Röchter
Co-Lektorat: Philipp Röchter
Coverfoto (Ursprungsversion): PICTURES FROM joe/
www.joespics.de, bearbeitet von Franziska Röchter
Illustrationen / Cartoons im Innenteil: Günter Specht
www.guenter-specht.de

www.franzis-litfass.biz   **www.chiliverlag.de**

Printed in Germany
ISBN 978-3-943292-03-9

Inhalt

Vorwort	8
Im Gestrüpp der Beziehungen - Verknotet!	11
Alle vier Wochen *(Andreas Schumacher)*	13
Liebe *(Werner Siepler)*	21
zeichnung von einer buntbox *(Günter Specht)*	22
Die ganz alte Schule *(Thomas Neuhalfen)*	23
Kriminalballade 1 - Der Tote auf dem Tigerfell *(Thomas Neuhalfen)*	28
In Liebe vier Lilien *(Bernhard Winter)*	33
Verwandtschaft *(Bernhard Winter)*	34
Klagenfurt *(Bernhard Winter)*	35
Die beiden Rivalen *(Norbert J. Wiegelmann)*	36
F.Eiertage *(Jürgen Völkert-Marten)*	37
23.April, Tag des Buches *(Jürgen Völkert-Marten)*	37
Ohne Titel *(Jürgen Völkert-Marten)*	39
Sehen und begegnen *(Hans Brakhage)*	40
Die Frau ohne Laster *(JuSophie Kerschbaumer)*	43
Sündigen macht Spaß *(Fred Lang)*	46
Wie das Ende verzerrt, was der Anfang versprach *(Lena Schätte)*	50
Der Briefwechsel *(Lorenz-Peter Andresen)*	61
Liebesgeflüster *(Jiri Kandeler)*	68
roncarlo lingua *(Günter Specht)*	70
Fun Food - Immer man rein!	71
Süß-sauren Soßen *(Andreas Schumacher)*	72
Urlaub auf dem Bauernhof *(Edmund Ruhenstroth)*	74

Jan *(Sigrid Minrath)*	76
Der Kartoffelkopf *(Marcus Nickel)*	78
Unser täglich Brot *(Susanne Mathies)*	79
herbst im haar *(Günter Specht)*	81

Tierisch! Aufklärung per Knopfloch! 83

Meine Katze töte ich nicht *(Bernhard Winter)*	84
Bestiarium *(Norbert J. Wiegelmann)*	85
Der Schwan *(Norbert J. Wiegelmann)*	86
Da muss er durch, der Lurch *(Jiri Kandeler)*	87
Es steht ein Gnu am Wasserloch *(Jiri Kandeler)*	88
Geile Säue *(Jiri Kandeler)*	89
Unter Nandus *(Jiri Kandeler)*	90
Herr und Frau Küchenschabe *(Jiri Kandeler)*	91
Frau Spinne *(Jiri Kandeler)*	92
Der Streichelfisch *(Jan-Eike Hornauer)*	93
Knopfloch oder ein Aufklärungsstück *(Klaus Urban)*	94
Irgendwann, wenn wir beide Katzen sind *(Gerda Spindler)*	99

Sehr geehrter Herr Schinkenroh! Mama schreibt! 103

Brief eines Vaters *(Andreas Schumacher)*	105
Sehr geehrter Herr Schinkenroh! *(Franziska Röchter)*	...113
Ein kleines Plädoyer für Unordnung *(Michel Pauwels)*	..117
Trauerrede zum Tode Ludwig H. Rinnsteins *(Jan-Eike Hornauer)*	121
Meine Mutter, die Schriftstellerin *(Sandra Niermeyer)*	125
Nach Hause *(Anke Knopp)*	130
unrecht *(Günter Specht)*	134

Bastelanleitung fürs Neue Weltentheater 135

Festrede *(Gerald Jatzek)* 136
Merkblatt für Germanisten *(Gerald Jatzek)* 137
Diese geschliffene, radikale Prosa - Ein Baukasten
für Verlagsankündigungen *(Gerald Jatzek)* 139
Crazy *(Sigrid Minrath)* 142
Die Fee hat's vertan *(Marcus Nickel)* 145
Per Annonce *(Josef Hader)* 147
Nudeldiät *(Markus Leuschner)* 148
Tagesablauf *(Markus Leuschner)* 150
Annonce Jahressocken *(Markus Leuschner)* 151
Alle Jahre wieder *(Lina Rohn)* 152
Theaterkasse *(Richard Westermaier)* 157
Silvester-Fußball *(Richard Westermaier)* 160
Langnese flankt *(Richard Westermaier)* 164
Stehgreiftheater *(Gábor Wallrabenstein)* 166
Ein Name für Mr. Right *(Tanja Sawall)* 169
Glück *(Jiri Kandeler)* 173
Legasthenierung - Neue Rechtschreibung *(Frank Stückemann)* 175
Kaufpreis zufriedener Kunden *(Frank Stückemann)* 176
Hangover *(Gesine Skoerat)* 181
Modernes Blankomärchen zum Selbstausfüllen
(Volker Schmid) 186
(Not) Funny Germans *(Jiri Kandeler)* 188
Alle Wunden heilt die Zeit *(Jiri Kandeler)* 188

Widmung 190
die kiste um uns *(Günter Specht)* 190

Die Autorinnen und Autoren 191

Vorwort

„Nie verlerne so zu lachen
wie du jetzt lachst, froh und frei.
Denn ein Leben ohne Lachen
ist ein Frühling ohne Mai!"

Wer genau sich diesen Spruch ausgedacht hat, weiß ich nicht, aber meine erste Lehrerin in der Grundschule schrieb ihn mir ins Poesiealbum. Später konnte ich ihn auswendig, wenngleich auch mein bisheriges Leben eher so verlief, dass mir des Öfteren das Lachen ganz ordentlich vergangen ist. So geht es wohl den meisten von uns. Nichtsdestotrotz hat sich dieser Spruch eingebrannt und fällt mir zum Glück immer wieder mal ein.

Das Bedürfnis, etwas lustig oder komisch finden zu wollen, setzt eine gewisse Bereitschaft und spielerische Leichtigkeit voraus, die vielen von uns im Laufe des Lebens abhanden kommt. Der Inhalt dieses Buches ist dazu angetan, über die skurrilen Seiten des Lebens nachzudenken, nicht alles so ‚bierernst' zu nehmen und zu dem Schluss zu kommen, dass es anderen vielleicht noch viel schlimmer ergeht, was für viele Menschen ja schon wieder ein Grund zur Erheiterung sein kann.

Nehmen Sie dieses Buch zur Hand, wenn Sie schwermütig sind, auf andere Gedanken kommen wollen, sich von Ernsthaftem ablenken möchten und die Erkenntnis zulassen möchten: Das Leben birgt so viele Merkwürdigkeiten und Komisches in sich, dass es absurd wäre, daran zu verzweifeln!

Herzlich bedanken möchte ich mich bei allen Autorinnen und Autoren, die mir ihre wundervollen Texte anvertraut haben. Unverkennbar inspirierte mich Andreas Schumachers ‚Brief eines Vaters' zum Untertitel dieses Buches. Sehr herzlich bedanke ich mich auch bei PICTURES FROM joe / www.joespics.de, der vor längerer Zeit das Originalfoto erstellte, welches nun als Grundlage für das Cover von mir bearbeitet wurde.

Mein ganz großer Dank gilt dem Cartoonisten, Zeichner, Kunstmultiplikator und ‚Kulturförderer' **Günter Specht** (www.spechtart.de) aus Gütersloh, der mir ohne zu zögern in vollem Vertrauen etliche seiner wundervollen Illustrationen für dieses Buch zur Verfügung stellte. Günter Specht teilt mit aller Welt seine Begeisterung für Gütersloh in seinem Güterslohtagebuch und mittlerweile auch Tageundnächtebuch, zu finden unter www.guenter-specht.de.

In diesem Sinne: Immer schön fröhlich bleiben!

Franziska Röchter   Februar 2013

Günter Specht, sternschmeißermaschine

I.

Im Gestrüpp der Beziehungen - Verknotet!

Also, verbal finde ich Jesus schon stark.

Günter Specht

Andreas Schumacher

Alle vier Wochen

[Donnerstag, 17.07.2011, 10:33]
Betreff: Bestellung via buchsuch.de („Alle sieben Wellen")

Hallo Yannick Schneckhäuser,

Bestellung am 17.07.2011 von
Frau Ilsbeth Schwarzhner (mmfan27)
E-Mail: ilsbeth.schwarzhner27@********.de

Glattauer, Daniel: Alle sieben Wellen; Taschenbuch; Goldmann;
219 Seiten, 214 g; Bestell-Nr: 00041; 4,50 Euro

Zahlungsart: Banküberweisung (Vorkasse)
Versandkosten: 1,50 Euro
Gesamtpreis: 6,00 Euro

Bitte bestätigen Sie diese Bestellung Ihrem Kunden per E-Mail und klären Sie gegebenenfalls die Zahlungsmodalitäten.

[2 Tage, 3 Stunden später]
Hallo Frau Schwarzhner, vielen Dank für Ihre Bestellung über buchsuch. Bitte entschuldigen Sie die kurze Verzögerung und überweisen Sie 6,00 Euro auf folgendes Konto. Nach Bestätigung der Zahlung werde ich Ihnen das Buch

schnellstmöglich zusenden. Mit freundlichen Grüßen, Yannick.

[37 Minuten später]
Guten Tag, habe eben online überwiesen. Herzliche Grüße. Ilsbeth.

[23 Stunden später]
Das ging aber schnell. Buch geht nach Bestätigung gleich raus.

[42 Sekunden später]
Danke. Freue mich schon. Herzliche Grüße. I.

[31 Stunden später]
Nichts zu danken.

[7 Tage, 13 Stunden später]
Haben Sie das Buch schon abgeschickt? Grüße. Ilsbeth Schwarzhner.

[2 Tage, 4 Stunden später]
Wo bleibt denn das Buch? I.

[19 Stunden später]
Lieber Yannick, sind Sie verreist? Ihnen ist hoffentlich nichts zugestoßen. Falls nein, bitte geben Sie eine Antwort oder ich reklamiere „Buch nicht erhalten."

[4 Stunden, 12 Minuten später]
Liebe Ilsbeth, sorry für die Verzögerung. Leider ist noch kein Kontoauszug bei mir eingetroffen, der eine Zahlung von 6,00 Euro von Ihnen an mich belegen würde. Buch wird abgeschickt, sobald Kontoauszug da und alles ok ist. MfG, Yannick.

[37 Minuten später]
Machen Sie Scherze? Sie können sich doch nicht allen Ernstes bei einem Online-Büchermarkt anmelden, Bücher anbieten, Geld kassieren, und dann so lange warten, bis rein zufällig mal ein Kontoauszug bei Ihnen eintrifft (alle vier Wochen?) Ich weiß ja nicht, wie Sie zu Ihren drei positiven Bewertungen gekommen sind, aber wenn Sie sich mal die Mühe machen, meine Profildaten samt den zu mir abgegebenen Kommentaren anzusehen, so werden Sie ohne Zweifel erkennen, dass ich bei den anderen Usern auf buchsuch für meine „superschnelle(n) Überweisung(en)", meine „unkomplizierte Abwicklung" und meinen „nette(n) Kontakt" bekannt bin. Daher mein letzter Aufruf an Sie: Versenden Sie das Buch (spätestens morgen) oder ich gebe Ihnen eine negative Bewertung. Mit freundlichen Grüßen. Ilsbeth Schwarzhner.

[4 Stunden 42 Minuten später]
Wie ich zu meinen 3 positiven Bewertungen gekommen bin? Nun, eigentlich geht Sie das herzlich wenig an, aber bitte schön. Die drei Käufer hatten eben Glück, dass ich kurz nach ihrer Bestellung jeweils rein zufällig einen Kontoauszug erhielt, der mir die Zahlung bestätigte. Sie hatten halt Pech. Wenn Sie sich vor Ihrer Bestellung die Mühe gemacht hätten, in meinem Profil nach meinen Versandmodalitäten zu schauen, dann hätten Sie mit einiger Wahrscheinlichkeit gesehen, dass dort steht, der Versand erfolge „spätestens drei Tage nach Überweisungsbescheid", d.i., da ich kein Online-Banking tätige, der entsprechende Kontoauszug. Mit freundlichen Grüßen, Yannick.

[31 Minuten später]
Verehrter Herr Schneckhäuser, ich weiß ja nicht, ob Sie es schon mitbekommen haben: buchsuch entwickelt sich für mich langsam aber sicher zum Fluchsuch. Seit über neun

Stunden sitze ich nun vor meinem PC (bei meinem Rückenleiden!), und warte vergeblich auf eine vernünftige Antwort von Ihnen, die endlich auf eine baldig erfolgreiche Abwicklung hoffen ließe. Ich habe mit dem Gedanken gespielt, meinen Mann einzuschalten (er war im 2. Weltkrieg Soldat und ist noch sehr rüstig.) Was erlauben Sie sich? Wie alt sind Sie überhaupt, wenn ich fragen darf? Aus ihrem super neumodischen, mäßig originellen Vornamen (für den Sie natürlich nichts können) schließe ich, dass Sie höchstens 20 sind. Eher 12. Sie wissen aber, dass eine Anmeldung bei buchsuch erst ab 18 Jahren gesetzlich erlaubt ist? Was ist nur aus der Jugend von heute geworden! Sie wollen mir doch nicht allen Ernstes weismachen, dass Sie zu bequem sind, IHREN HINTERN (Verzeihung!) hochzukriegen, zu Ihrer Bank zu gehen und sich einen Kontoauszug ausdrucken zu lassen (es gibt dort nämlich mittlerweile tatsächlich Kontoauszugsdrucker, falls Sie das nicht wussten, das weiß sogar ich als 83-jährige Online-Bankerin), wenn Sie denn schon so misstrauisch gegenüber Fremden sein müssen, und einer Person ihre Mitteilung „habe eben überwiesen" nicht abnehmen, obwohl diese Person (ich!) sage und schreibe 78 ausnahmslos positive Bewertungen erhalten hat und (ich habe nachgezählt) 17 mal explizit als „schnelle Überweis(erin), „Blitz-Bezahl(erin)" u.dgl. mehr hervorgehoben wurde. Haben Sie das Buch im Übrigen abgeschickt? I.

[3 Stunden, 44 Minuten später]
Machen Sie Witze? Wissen Sie, was so ein Kontoauszugs-Ausdruck kostet? Wenn ja – denken Sie, ich sei Millionär? Wenn nein – 0,40 Euro. Das sind 40 Cent! 80 Pfennig! Oder wie Ihr Mann vielleicht sagen würde: 80000 Reichsmark (habe eine 2 in Geschichte.) Woher wollen Sie überhaupt wissen, in welcher Verbindung ich zu meiner Bankfiliale stehe? Spionieren Sie mir jetzt schon hinterher? Falls nein (zu Ihrer Info): Nicht jedes Dorf besitzt heutzutage noch eine

Bankfiliale. Auch meine Bank (die Kreissparkasse, wie Sie wissen – da sehen Sie mal, was Sie schon so alles über mich wissen, ich z.B. kenne Ihre Bank nicht, und werde sie auch niemals kennen, geschweige denn Ihre Kontonummer) hat in den letzten Jahren (besser: im letzten Jahrzehnt) 17% ihrer Filialen geschlossen. Nicht dass ich derlei jetzt auswendig gewusst hätte, nein, ich musste extra eine Internetrecherche durchführen, um Ihnen diesen allzu offensichtlichen Fakt stichhaltig und gewissenhaft belegen zu können. Da sehen Sie mal, wie viel Zeit ich für Sie investiere. Eigentlich müsste ich auf Ihre 6 Euro eine Komplikationsgebühr draufschlagen. Wenn Sie aber nach wie vor darauf bestehen sollten, dass ich Ihnen das Buch bereits VOR dem 8. kommenden Monats zusende (dann nämlich erhalte ich – ohne Gewähr! – meinen monatlichen Kontoauszug), dann überweisen Sie bitte zusätzlich zu den 6 überwiesenen Euro (ich gehe jetzt der Einfachheit halber mal davon aus, dass Sie die 6 Euro überwiesen haben) noch einmal 2,55 Euro auf mein Konto, Kontodaten sind Ihnen bekannt. Und damit Sie gar nicht erst in Versuchung geraten, mich undurchschaubarer und willkürlicher Forderungen zu bezichtigen, hier eine Aufschlüsselung der für mich entstehenden zusätzlichen Kosten.

1. Gang zur Kreissparkasse
Kilometergeld:................................... 0,50 Euro
Gemessene Wegstrecke* (hin und zurück):......... 4,3 km
Zwischensumme Kosten:..................... 2,15 Euro

2. Sonstiges
Ausdruck eines Kontoauszugs: .... 0,40 Euro

Anfallende Kosten:................................ 2,55 Euro

* gemessen heute, extra für Sie (mit einem Kilometerzähler), unentgeltlich!

Sie sehen, auch so ist das Buch noch günstiger als wenn Sie es neu kaufen. Wenn Sie bedenken, dass ich für die ganze Aktion etwa anderthalb Stunden unterwegs bin, werden Sie sehen, dass ich weit unter Mindestlohn arbeite. Zum Vergleich: David Beckham (Fußballer) bekommt, ich habe es eigens für Sie ausgerechnet (habe eine 1 in Mathe), ein Kilometergeld von 10000 Euro. Und der schickt Ihnen aber kein Buch zu. Mit freundlichen Grüßen, Y.

[22 Minuten später]
Lieber Yannick, Sie sind wirklich der größte Knauser von einem Sesselfurzer, den ich je (in meinem langen Leben!) kennen gelernt habe. Kann es sein, dass Ihnen langweilig ist, Sie sich lediglich ein bisschen interessant machen wollen? Wegen lausigen 40 Cent führen Sie solch ein Theater auf! Wissen Sie, dass wir früher einen Stundenlohn von 50 Pfennigen hatten? Und ein Kilo Kartoffeln drei Mark kostete? Aber wissen Sie was? Morgen werde ich mit dem Bus in die Stadt fahren, in einen Buchladen gehen, und mir das Buch eigenhändig kaufen. Zum vollen Ladenpreis von 8,95 Euro. Meinen Kauf hier hingegen werde ich schlichtweg stornieren. Ich wünsche Ihnen für Ihren weiteren Lebensweg weiterhin solch gute bis sehr gute Schulnoten (in der Schule des Lebens allerdings müssen Sie – ach, lassen wir das) „Ihre" Ilsbeth Schwarzhner.

[16 Stunden 1 Minute später]
Liebe Ilsbeth, Buch soeben abgeschickt. Habe heute Morgen überraschenderweise einen Auszug ins Haus gesandt bekommen (hatte zweimal im Vollsuff Geld abgehoben und nicht mehr dran gedacht.) Danke für die superschnelle Überweisung. Stand mit meinem Mofa leider im Parkverbot, als ich Ihr Päckchen zur Post brachte – prompt 15 Euro kassiert, fucking shit! Ihre Mail von gestern leider eben erst gelesen, hoffe, Sie waren noch nicht in der Stadt, das Buch kaufen.

Sonst haben Sie's halt doppelt, aber soll ja nicht schlecht sein, sagt meine Mutter. Wie geht's Ihrem Mann? Herzliche Grüße, Ihr Yannick (sollten wir uns nicht duzen?)

[17 Stunden, 12 Minuten später]
Betreff: Vorsicht, Blitzkrieg!
Sehr geehrter Yannick Schneckhäuser, ich kenne Sie nicht, aber aus dem Briefwechsel, den Sie hier in den vergangenen Tagen und Wochen mit meiner Frau geführt haben, wird mir einiges klar. Tut mir leid, dass ich in Ihren Briefwechsel Einblick nehmen musste, aber meine Frau ist seit gestern Nachmittag verschwunden, das heißt, sie ist die ganze Nacht weg gewesen. Da auch ein Küchenmesser und mehrere hundert Euro aus der Haushaltskasse fehlen, musste ich leider zu der Schlussfolgerung gelangen, dass meine Frau sich auf den Weg zu Ihnen gemacht hat, um das Buch, das Sie ihr offenbar nicht schnell genug geliefert haben, persönlich einzufordern. Betrachten Sie die letzte Nachricht meiner Frau an Sie lediglich als einen besonders hinterhältigen Versuch, Sie in falsche Sicherheit zu wiegen. Sie sind mir zwar nicht sonderlich sympathisch (schon des Namens wegen), aber ich gebe Ihnen dennoch den guten Rat: Lassen Sie sich bei der Übergabe des Buches am besten von einer dritten (neutralen) Person vertreten, Ihrer Mutter etwa (nur ein Vorschlag ...) Bitte positive Bewertung nach erfolgreicher Abwicklung nicht vergessen. Mit solidarischen Grüßen, Heinrich Schwarzhner

[22 Stunden später] Betreff: Dringend! Sehr geehrter Herr Schwarzhner, tut mir leid, wir kennen uns nicht. Habe eben kopfschüttelnd die Korrespondenz Ihrer Frau mit meinem 16-jährigen Sohn gelesen. Spioniere meinem Sohn normalerweise nicht hinterher, aber er ist seit gestern Mittag um halb zwei spurlos verschwunden. Es klingelte, er nahm sich ein Messer aus der Schublade und ging zur Haustüre. Haben Sie eine Ahnung, ob Ihre Frau meinen Sohn erstochen hat?

Falls ja, was soll ich machen, Polizei einschalten? Grüße

[13 Stunden, 55 Minuten, 51 Sekunden später]
Betreff: MM ist voll geil!
Lieber Ehemann, liebe Mutter, keine Angst, wir sind weder verletzt noch entführt, noch ein Liebespaar (haha)! Wir haben lediglich bei unserem Aufeinandertreffen an der Haustüre festgestellt, dass wir BEIDE die allerriesengrößten Mark-Medlock-Fans der Welt sind (Yannick im MM-T-Shirt, Ilsbeth im MM-Top), und da mein (Ilsbeths) Zuggeld noch gereicht hat, haben wir spontan beschlossen, zum Konzert von Mark nach Düsseldorf zu fahren. Konnten wir uns nicht verabschieden? Nein, das konnten wir nicht, denn es war spät und wir brauchten unbedingt noch den 13:43er Zug, um weit vorne in der Reihe zu zelten und dann ganz nah an der Bühne sein zu können. Handy-Akku war alle. Jule (13) hat uns kurz mal Handy geliehen. Bis in vier Tagen, Yannick und Ilsbeth <3

Werner Siepler

Liebe

Eine Frau hatte er sich angelacht,

ihr mit Begeisterung den Hof gemacht.

Doch dabei ist es nicht geblieben.

Nun macht er, von Liebe getrieben,

sogar noch über den Hof hinaus,

regelmäßig auch ihr Treppenhaus.

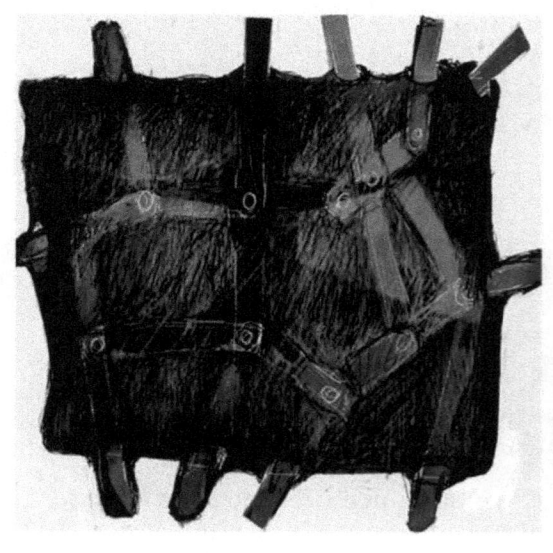

zeichnung von einer buntbox die zeigt
wie diese wahrscheinlich innen aussieht
denn ihr müsst wissen
nix ist zu sehen
sie ist zu und einfach nur bunt
aber... hebel schauen heraus
und die müssen ja zu was gut sein

günter specht

Thomas Neuhalfen

Die ganz alte Schule

Das Klofenster stand offen. Die Tür hatte ich abgeschlossen, da war ich mir absolut sicher. Ich hatte den Schlüssel bis zum Anschlag nach rechts gedreht, daran konnte ich mich genau erinnern. Die Tür war zu, hundertprozentig. Aber das Fenster zum Gäste-WC hatte ich vergessen, soviel war klar.

Gleich war ich da, ich konnte mein Haus schon sehen. Das Fenster zum Gästeklo war geschlossen. Aber die Haustür stand einen Spalt offen.

Komisch. Bei der Tür war ich mir doch ganz sicher gewesen. Ich schob sie auf, betrat den Flur und sah mich um. Hier war alles so wie immer. Vorsichtig betrat ich das Wohnzimmer. Dort herrschte eine Unordnung, die ich meines Wissens nicht hinterlassen hatte. Nein, das wär mir doch aufgefallen, dass der Inhalt mehrerer Schubladen auf dem Boden verstreut lag.

In der Ecke, wo der Fernseher stand, raschelte es. Ein Mann hockte dort. Er wandte mir den Rücken zu und schraubte die Kabel des Fernsehers aus der Wand. Er war so konzentriert bei der Sache, dass er mich nicht bemerkte.

Ich hüstelte verlegen. Erschrocken fuhr der Mann herum. „Mensch, woll'n Sie mich umbringen? Ich bin auch nicht mehr der Jüngste! Deibel, haben Sie mich erschreckt! Sind Sie der Bewohner?"
„Ja", sagte ich und stellte mich vor, „und Sie?"

„Mein Name tut nichts zur Sache. Wieso sind Sie eigentlich hier? Haben Sie keine Arbeit?"
„Ich war auf dem Weg zur Arbeit, bin aber umgekehrt, weil ich unsicher war, ob ich das Fenster vom Gäste-WC geschlossen hatte."
„Hatten Sie nicht", brummte er, „aber das hab ich gleich zugemacht, als ich hier drin war. Sowas lockt nur Einbrecher an!"
„Sind Sie durchs Fenster eingestiegen?"
„Wollen Sie mich beleidigen?" Ächzend stand er vom Fußboden auf. Er war etwa sechzig Jahre alt, klein und untersetzt. Mit der Figur hätte er gar nicht durch das enge Klofenster gepasst. „Wissen Sie", sagte er und kam auf mich zu, „ich bin noch einer vom alten Schlag. Ich arbeite noch handwerklich! Ich mach Ihnen jede Tür auf, ruckzuck geht das und am Schloss sehen sie nix! Kommen Sie mal mit!" Er fasste mich am Arm und zog mich zur Haustüre. "Da!" rief er triumphierend. "Sehen Sie irgendwelche Spuren an der Tür?" Ich musste zugeben, dass da absolut nichts zu sehen war. "Und jetzt stecken Sie Ihren Hausschlüssel ins Schloss und schließen mal zu und dann wieder auf!" Seine bestimmte Art duldete keinen Widerspruch. "Und? Merken Sie was?" Ich wandte ein, dass der Schlüssel viel leichter ins Schloss glitt und sich müheloser drehen ließ, als ich das in Erinnerung hatte. "Natürlich," sagte er, "ich hab Ihnen das Schloss geölt. Kleiner Extraservice. War in einem furchtbaren Zustand, ihr Schloss. Sie müssen die Sachen auch ein bisschen pflegen!"

Er ging wieder in die Ecke mit dem Fernseher und prüfte, ob er auch alle Kabel gelöst hatte. "Wissen Sie", brummte er dabei, "heute wird soviel Murks gemacht, das können Sie sich nicht vorstellen. Gerade in meiner Branche. Wir haben das Handwerk noch von der Pike auf gelernt. Am Anfang nur den Arbeitsplatz saubergemacht, also Spuren beseitigt. Später dem Boss das Werkzeug getragen. Nacht für Nacht,

treppauf, treppab, manchmal bis in den siebten, achten Stock. Da wussten Sie dann morgens, was Sie getan hatten. Dafür hat man uns noch alles beigebracht, Stück für Stück. Die alten Ideale, deutsche Wertarbeit sozusagen. Den jungen Leuten ist das heute alles viel zu mühsam.
Der Beruf ist in den letzten Jahren ziemlich auf den Hund gekommen. Fast nur noch ausländische Billigarbeiter. Sind keine Selbstständigen mehr, wie wir. Die arbeiten in Drückerkolonnen. Werden in einem Wohnviertel abgesetzt. Steht ein Fenster offen oder ist die Tür nicht abgeschlossen, gehen die rein und dann werden sie wieder abgeholt und weggefahren. Alles Amateure. Die können noch eine Tür aufstemmen, wenn sie nicht abgeschlossen ist, aber das war's dann auch schon. Eine Schande ist das!"

Er hatte die Kabel sauber zusammengebunden und hob den Fernseher von seinem alten Platz.
"Sie sind gegen Einbruch versichert, oder?" meinte er. Ich nickte. "Die erstatten Ihnen den Neuwert, dafür bekommen Sie sogar ein besseres Gerät als das hier. Da müssten Sie mir eigentlich noch was drauflegen!" Ich wollte schon etwas erwidern, da schlug er mir gutgelaunt auf die Schulter, wobei er den Fernseher lässig unter dem anderen Arm hielt. "Keine Sorge, war nur Spaß! Muss auch sein, oder?" Jetzt legte er den Fernseher vorsichtig in eine große Sporttasche, in der auch meine Spiegelreflexkamera und das bisschen Schmuck lag, das ich besaß. Für die vergoldeten Manschetten hatte ich sowieso keine Verwendung und Siegelringe trug ich im Grunde nie. Und zum Fotografieren war ich seit Ewigkeiten nicht mehr gekommen.

Er packte sein Werkzeug in einen großen Monteurkasten. "Sehr üppig war das bei Ihnen nicht, muss ich schon sagen! Aber da liegen Sie im Trend! Den Leuten ging's früher besser, da können Sie sagen was sie wollen! War für uns auch ergie-

biger. Übrigens: Vermissen Sie nicht Ihr Stammbuch?"
Stimmt, das hatte ich schon lange gesucht. Triumphierend hielt er es in der Hand. "Ist mir sofort bei der Durchsicht in die Finger gefallen. War da, wo die meisten Leute sowas verlieren. Klemmte im Schlafzimmerschrank hinter der Schublade." Er reichte es mir. "Damit kann ich sowieso nichts anfangen."

Er nahm eine Plastiktüte aus dem Werkzeugkasten und verteilte den Inhalt im Wohnzimmer.
"So, jetzt noch ein paar Spuren legen, damit die Jungs von der Kriminaltechnik was zu tun bekommen. Die brauchen auch ihre Erfolgserlebnisse, die Kollegen!"

Ich staunte. Jetzt lagen da ein paar zusammengeknüllte Papiertaschentücher, einige Kaugummipapierchen, ein gebrauchtes Kondom, eine Einwegspritze mit offener Nadel und eine Zigarettenkippe mit Lippenstiftspuren. "Muss heutzutage sein", sagte er. "Die Technik entwickelt sich immer weiter, die Anforderungen sind enorm gestiegen in den letzten Jahren." Ich musste wohl sehr verdutzt geblickt haben, also erklärte er es mir. "Die untersuchen den Tatort auf DNA-Spuren, die können sie dann mit registrierten DNAs in ihren Datensammlungen vergleichen." "Und warum verteilen Sie dann überall den Müll?" "Das sind Spuren von ganz verschiedenen Leuten, die ich nach dem Zufallsprinzip gesammelt und gemischt hab." antwortete er nicht ohne Stolz in der Stimme. "Ich hinterlasse keine eigenen Spuren, nur solche von wildfremden Personen. Das sorgt für Verwirrung und hält die Kriminaltechniker auf Trab!" Ich war beeindruckt. Hier war tatsächlich ein Meister seines Faches am Werk, das war kein Stümper.

Trotzdem fragte ich ihn, ob er noch lange brauchen würde, schließlich musste ich mich danach ja noch mit der Polizei auseinandersetzen, und ich hatte eigentlich auch noch etwas vorgehabt.

"Bin gleich soweit", sagte er, "aber was wollen Sie eigentlich der Polizei sagen? Dass Sie mich überrascht haben, dass wir nett geplaudert haben und Sie mich dann an der Haustür verabschiedet haben? Mann, Sie kommen in Teufelsküche, wenn Sie sich da nichts Glaubhaftes zurechtlegen!" Da hatte er Recht. "Darüber hab ich noch gar nicht nachgedacht", musste ich zugeben. "Kann man auch nicht verlangen", brummte er, "das sind die Kleinigkeiten, die der Laie einfach nicht im Blick hat, aber dafür gibt es ja Fachleute!" Er öffnete die Tür zum Garten. "Sagen Sie einfach, Sie wären zur Haustür reingekommen und ich sei durch den Garten abgehauen. Das ist am einfachsten!"
Die Lösung gefiel mir. Er hob grüßend Mittel- und Zeigefinger an seine Stirn. Erst jetzt fiel mir auf, dass er milchigweiße Latexhandschuhe trug.

Ich blickte ihm noch hinterher, wie er mit festem, ruhigem Schritt die Straße entlang ging, den Werkzeugkasten in der einen und die Sporttasche in der anderen Hand, bis er schließlich hinter einer Biegung verschwand.

Thomas Neuhalfen

Kriminalballade 1
Der Tote auf dem Tigerfell

Ein Landhaus lag im tiefen Wald,
dort hat`s um Mitternacht geknallt.
Den Hausherrn fand man ziemlich schnell
erschossen auf dem Tigerfell.

Man rief sofort den Kommissar.
Nach 10 Minuten war er da,
da war das Opfer von dem Mord
selbst schon seit fünf Minuten fort.

„So, so, der Tote ist verschwunden!
Wer hat ihn denn zuvor gefunden?"
"Ich!", hauchte die Köchin im Morgenrock,
"und ich stehe noch immer unter Schock."

"Die Köchin steht schon mal unter Verdacht!"
hat der Kommissar gerade bei sich gedacht,
doch eine Anschlussfrage fiel ihm nicht ein.
Da kam eine Putzfrau mit Eimern herein.

"Was tun Sie denn da, mit all diesen Sachen?"
"Einer muss doch hier sauber machen!
Das Parkett und die Möbel bekam ich noch hin,
doch vom Blutfleck im Tigerfell bleibt wohl was drin!"

"Was haben Sie mit der Leiche gemacht?"
"Die habe ich in den Keller gebracht.
Hier bleibt alles liegen, wohin es grad fällt,
außer mir gibt`s hier keinen, der Ordnung hält!"

„Die Putzfrau hat alle Spuren verwischt,
also unverdächtig ist das gerade nicht!"
Der Ermittler sah sinnend zur Decke empor,
da kam noch jemand rein und stellte sich vor.

"Mein Name ist Haase, ich bin - nun, ich war
des verstorbenen Hausherrn Anwalt und Notar.
Ich kam zufällig grad` in der Nähe vorbei,
da erzählte man mir von der Schießerei.

Gestern lebte er noch und jetzt - umgebracht!
Wie schrecklich! Gibt es schon einen Verdacht?"
Er reichte seine Karte dem Kommissar;
der dachte, was der Anwalt doch für'n Fatzke war.

"Die Ermittlungen laufen gerade erst an",
sprach der Kommissar und ergänzte sodann:
"ein Motiv für den Mord erkenn' ich noch nicht.
Vielleicht haben Sie einen Tipp für mich?

Hat der Tote Feinde gehabt, oder Streit?
War etwas verdächtig in letzter Zeit?
Sehen Sie einen Grund für seinen plötzlichen Tod?
Wusste er zu viel oder wurd' er bedroht?"

Der Anwalt sprach: "Hier hab ich sicherlich
einen tieferen Einblick als Sie. Drum glaub ich,
dass die einzige Möglichkeit darin besteht,
dass es hier um das Erbe des Mordopfers geht.

Nicht nur als Familienanwalt kennt
man des jüngst Verblichenen Testament.
Ich sag nur soviel, trotz Verschwiegenheitspflicht,
dass da manches gegen die Ehefrau spricht!"

Der Kommissar ging die Treppe hinauf
und suchte die Witwe im Schlafzimmer auf.
Die Köchin war bei ihr; die Damen ließen
gegen Kummer und Angst viel Alkohol fließen.

Die eine wie die andere war
nur eingeschränkt noch ansprechbar.
Der Detektiv beschloss die Fragen,
die er noch hatte, zu vertagen.

Er sah den Läufer vorm Bett und wurd' sentimental.
Er dachte daran, wie die Witwe bislang jedesmal,
wenn er sie besucht hatte, auf dieser Matte
mit ihm ihren Gatten betrogen hatte.

Da tönte von unten ein mächtiger Gong.
Die Witwe lallte: "wir sollllen alllle in den Sssalong!"
Die Köchin brabbelte unterdessen:
"Iss doch noch vvviel zsssu früh zsssum Mittagessen!"

Der Anwalt rief die Hausbewohner zusammen.
Sie sollten alle in das Wohnzimmer kommen.
"Seien Sie Zeugen, wie ich den Mordfall aufklär!"
Der Kommissar dachte nur verächtlich: "So ein Amateur!"

Als der Kommissar sich im Salon einfand,
eine torkelnde Dame an jeder Hand,
saß das ganze Haus schon erwartungsvoll da.
Alle starten sie an, was sehr unangenehm war.

Der Anwalt schloss die Tür und blieb davor stehen,
von hier aus konnte er den ganzen Raum übersehen.
Und außerdem war so ein Fluchtweg blockiert.
Am anderen, dem Fenster, hat der Kommissar sich postiert.

Der Anwalt begann: "Wir wissen seit Jahren,
dass Butler noch niemals Mörder waren.
Ein Gärtner mordet mit Gift oder auch
gelegentlich mit einem Gartenschlauch.

Hätte jemand die Köchin angestiftet,
vielleicht hätt' sie ihrem Dienstherrn den Nachttrunk vergiftet.
Doch mit Nachdruck möcht' ich auf den Umstand verweisen:
Die Mordwaffe war und bleibt ein Schießeisen!

Wer trägt eine Schusswaffe in dieser Runde?
Wer brauchte zum Tatort keine Viertelstunde?
Wer hatte was mit des Toten Frau angefangen,
wollt' durch Mord an Dame und Erbe gelangen?"

Die Witwe schluchzte, jäh aus Delirien erwacht:
"Darum hast du dich an mich rangemacht!"
Da verstand auch der Letzte, wer der Mörder war.
Dem Kommissar war seine Lage längst klar.

Das Fenster flog auf, er sprang hinaus in die Nacht
und hat sich für immer aus dem Staube gemacht.
Im Dunkel des Waldes verlor sich seine Spur;
Zurück ließ er die Karte des Anwalts nur.

***

Fazit:

Wenn Autoren Kriminalgeschichten verfassen,
müssen viele Personen ihr Leben lassen.
Doch ist es stets, wer immer den Krimi auch schreibt,
die Logik, die zuerst auf der Strecke bleibt.

Bernhard Winter

In Liebe vier Lilien

In Liebe vier Lilien

Zum Gärtner im Garten:

O warte uns selbst

Und *lass* uns nicht warten

Und warte uns jetzt

Und lass uns nicht *warten*

Vier Lilien in Liebe

Zum Gärtner im Garten

Bernhard Winter

verwandtschaft

du bist die tante deiner nichte,
ich
bin der onkel meines vaters

du bist die gattin deines mannes,
ich
bin der schwager meiner frau

du bist die oma deines enkels,
ich
bin der neffe meines sohnes

du heißt resi huber,
ich aber
sascha flickscheidt-hochzwerg

Bernhard Winter

Klagenfurt

Lass ab von deinen Klagen, Kurt

Wir kennen das in Klagenfurt

Prahl nicht mit deinen Freuden, Klaus

Bei uns hier ist kein Freudenhaus

Erspar uns deinen Lustschmerz, Knut,

Sonst packt mich gleich die Lustschmerzwut

Hör auf mit deinem Tadel, Joos

Auch du bist nicht so tadellos

Hör doch auf Tante Erika

Werd' Pfarrer in Amerika

Norbert J. Wiegelmann

Die beiden Rivalen

Sie stritten um die Gunst der Schönen

sie kämpften mit Fäusten und Dolchen

man hörte sie fluchen, keuchen, stöhnen

da sprach sie: „Was soll ich mit euch Strolchen?"

Die beiden waren schwer lädiert

und glotzten dümmlich drein

die Schöne sagte ungerührt:

„So blöd wie ihr möcht` ich auch mal sein."

Jürgen Völkert-Marten

F.Eiertage

„Why nachten?" hauchte sie zärtlich.
„O Stern!" seufzte er glücklich.

***

23. April, Tag des Buches

„Was? Heute ist der Tag des Buches?
Wir ha'm doch auch eins! Such es, such es!"

Günter Specht, heimat

Jürgen Völkert-Marten

Unser letzter Heimatdichter hatte sich auf Landschaftsgedichte spezialisiert. Als er mit unsauberem Versmaß Landschaftsschutzgebiet durchschritt, kam er gerade noch mit einem Bußgeld davon. Danach besang er vorsichtshalber Bauerwartungsland. Besuchern sagte er: Die Landschaft ist ja nicht so schön, aber die Gegend!

***

Hans Brakhage

Sehen und begegnen

Es war einer dieser letzten warmen Herbsttage, eine sonnenverwöhnte Einladung zum Bummel durch die Stadt, ohne wirkliches Ziel oder Sinn.
Die ersten Schaufenster wurden jetzt täglich eleganter und festlicher, gaben erste Hinweise auf die nahenden Festtage zum Jahresende. Es war ab und an wirklich schön, diese fantasievollen Arrangements hinter dem polierten Glas zu betrachten, sich in Farben und Formen zu verträumen.

Auf der Schadowstraße begegnete mir ein junges Paar. Der Mann hatte ein etwas blass vornehmes Gesicht. Die Frau sah eher provinziell und bäuerlich aus. Sie waren beide gut gekleidet, ohne irgendwelche aufdringliche Eleganz, gingen sehr aufrecht, Schulter an Schulter, fast gleichgroß, die Köpfe gerade ausgerichtet, manchmal zum Himmel schauend. Der Mann hielt mit seiner linken Hand die rechte Hand der Frau sanft umschlungen, ein Einkaufsnetz mit einigen bunten Paketen darin in der anderen Hand.
Es war etwas Seltsames um sie herum, das ich aber nicht zu erkennen oder benennen vermochte, irgendwie unergründbar - jedenfalls nicht unmittelbar. Keiner der beiden bewegte den Kopf, wenn der andere ihn nicht auch bewegte. Es sah ein wenig synchronisiert stereotyp aus, oder so ähnlich.

Als ein Junge mit Inline-Skatern an ihnen vorbeilief, wichen sie behende ein wenig zur Seite aus. So konnte ich zum ersten Mal erkennen, dass die Frau hochschwanger war. Dann sahen sie sich an, lächelten.

Aber das Lächeln lag mehr in ihren Augen als um den Mund, der solches nur hauchfein andeutete. Ihre Hände schlangen sich sichtlich etwas fester ineinander, schienen förmlich Korrespondenz und Kommunikation zu halten, von intensivster Art. Sie sahen jetzt nicht mehr wie zwei Menschen aus, sondern wie ein Paar, aus gleichartig ähnlichem Grundmaterial geschaffen, fast ein gemeinsamer Körper, eine gemeinsame Seele mit zwei Köpfen.

Ich fragte mich unbewusst, ob sie ein Ehepaar waren, aber nicht warum, denn ein wenig - das muss ich gestehen - neidete ich ihnen die innige Gemeinsamkeit. Haltung und Schweigen zeigten bei den beiden beinahe etwas königlich Erhabenes. Ja, sie schwiegen - schon die ganze schier endlose Zeit, da ich sie beobachtete und sie nebeneinander herschritten.

Das fiel mir jetzt ganz deutlich auf.
Sie standen sich nur nahe, sahen sich an, lächelten mit einer Wärme in den Augen, die selbst einen Eisblock in Sekunden zum Schmelzen gebracht hätte, die Hände ineinander verschlungen, - aber wortlos, schweigend.
Plötzlich - ganz unvermittelt - lösten sie sich voneinander, bewegten sich alle vier Hände völlig lautlos auf eine sonderbar geschäftige und vielseitige Weise, schienen mitzuteilen. Die Finger formten irgendwelche schnellen Zeichen und Figuren, unterstrichen von Gesten und Mimik, die ich nicht zu verstehen vermochte.
Ich sah ihnen eine Weile zu, erstaunt und fasziniert.
Der Mann lachte aus vollem Hals, aber ohne den geringsten Laut über die Lippen zu bringen. Er zog die Schultern hoch und sah in die strahlenden Augen der Frau, ihr heiteres Gesicht, das auch lachte, ebenso stumm. Er küsste die Innenfläche ihrer Hand, die sich zärtlich für eine Sekunde auf seine Wange legte.

So wandten sie sich ab, fassten sich wieder bei den Händen, wie auf ein unhörbares Signal hin, und gingen sehr aufrecht, Schulter an Schulter, mit ruhigen Schritten durch den laut murmelnden Menschenstrom weiter.

Ich folgte ihnen, wie unter Zwang, als dürfte ich sie keinesfalls aus den Augen verlieren.
Ein kleines Mädchen kam an der Hand einer Frau vorbei, sang laut und schräg und mit falschem Ton ein mir unbekanntes Lied in einer fremden Sprache.
Das Paar wandte sich erneut einander zu, lächelte warmäugig.

Dann schwiegen sie wieder.

JuSophie Kerschbaumer

Die Frau ohne Laster

Sie trinkt nicht und raucht nicht. Sex betreibt sie noch. Für sie müsste die Lustbegegnung nicht so oft stattfinden, wenn überhaupt. Sie hat noch nie dagegen einen Einwand vorgebracht und lässt ihn gewähren.

Die lauen Sommerabende mag sie besonders. Wenn nicht mehr heiße Temperaturen sie quälen, aber auch noch nicht kalte Einbrüche über sie herfallen, wie das schon einmal im Herbst passieren kann. An einem solchen milden Abend sitzt sie auf dem Balkon. Ihr Mann hat sich für später angesagt, er müsse noch bei seiner kranken Mutter vorbeischauen, die seit einigen Jahren Witwe ist und sich mit diesem Zustand gar nicht abfinden kann. Sagt er. Thekla fühlt sich durch diesen unvorhergesehenen Termin etwas aus ihrer Bahn geworfen. Die üblichen Handgriffe nach dem Büro und dem täglichen Einkauf, dem Staubsaugen, Kochen, Tischdecken und Essenwarmstellen fallen damit zwar nicht weg, laufen aber ohne die Anwesenheit der Zielperson zunächst ins Leere. Das Fernsehprogramm mit den Lieblingsserien beginnt erst später. Untätig legt Thekla die Hände in den Schoß. Unschlüssig, was sie mit sich selbst in der Zeit anfangen soll, die ihr zugefallen ist wie ein unbekannter Spielball, begibt sie sich zurück in das Wohnzimmer. Der tragbare Computer ihres Mannes, der auf dem Boden neben dem Couchtisch liegt, fällt ihr erst jetzt auf. Sie hebt ihn in ihrer sorgsamen Art auf und trägt ihn zum Biedermeiersekretär, dem einzigen alten Stück in dieser Wohnung. Karl hält ihn ständig unter Verschluss. Wegen der wertvollen Briefmarken. Sagt er.

Aus der obersten Lade lugt seltsam keck ein rosa Zettel, auch der ist ihr vorhin beim Saubermachen nicht aufgefallen. Sie möchte das zarte Stück herausziehen und reißt versehentlich eine Ecke ab. Das ist ihr jetzt sehr peinlich. Was würde ihr Mann zu dieser Ungeschicklichkeit sagen? Sie holt den Schlüssel aus der Silberschale und öffnet die Lade, zieht das Papier vollends heraus und überlegt, wie sie den Schaden reparieren soll. Der Griff in die ansonst geschlossene Lade hat sie unsicher gemacht. Noch unsicherer als das Zerreissen des leeren Briefpapierblattes. Wozu braucht Karl Briefpapier? Sie haben in zwei Tagen ihren fünfundzwanzigsten Hochzeitstag. Vielleicht will er ihr ja eine Überraschung machen. Trotz aufgeräumter Wohnung spürt sie eine Unordnung in der Luft, die sie nicht fassen, nirgends einordnen kann. Sie greift zum Computer ihres Mannes, der eigentlich den ganzen Tag bereits in seiner Hand sein sollte, und schaltet ihn ein. Mit einem lauten Bing öffnet sich das Standardprogramm und eine monotone Stimme sagt an, dass eine neue Mail eingelangt ist. Thekla fühlt sich davon persönlich angesprochen. Vergessen hat sie, dass dies ja nicht ihr Arbeitsgerät ist, ebenso wie den warnenden Spruch ihres Mannes, dass Unbefugte nichts an seinem PC zu suchen hätten. Sie hat die Stimme der Ansage im Ohr und die Hand auf den Tasten. Thekla ist tätig. Nachdem sie bis zu den unverbindlichen Sätzen des Arbeitskollegen an ihren Mann vorgedrungen ist, der ihn darauf aufmerksam macht, die beigefügte Adresse anzuklicken, tut sie auch das. Ein Singleportal öffnet daraufhin seine Pforten. Rosarot und mit übergroßen Worten lädt es zum Anmelden und Einloggen ein. Thekla ist im Arbeitseifer. Und findet unter den Anmeldungen ihrer Altersklasse auch ein Foto ihres Mannes. Thekla ist im Staunen. Und findet die Ankündigung, dass ihr Mann zum Single des Monats auf dieser Internetseite gewählt wurde. Thekla ist im Überlegen. Doch nicht lange. Sie ist eine Frau der Tat und loggt sich ein. An diesem Tag gibt es für Neuanmeldungen ein kostenloses Dreitageabonnement. Mit diesem kann sie bis zu drei Kontakte pro Tag aufnehmen. Thekla ist erfreut. Warmes Prickeln verspürt sie im Becken, das mit jedem Klick beim Durchblättern des Angebotskataloges höher steigt. Sie arbeitet sich von Profil zu Profil gründlich durch. Das Telefon läutet. Ihr Mann sagt, dass er noch eine Weile bei seiner kranken Mutter wird bleiben müssen. Es ist ihr nicht unangenehm. Thekla ist beschäftigt.Und sie holt sich ein gutes Glas Wein und ihre erste Zigarette.

Fred Lang

Sündigen macht Spaß

Dr. Schräg am Apparat. Psychologe! Was kann ich für Sie tun?

Anruferin: Guten Abend! Entschuldigen Sie die späte Störung. Ich habe viele Fragen an Sie und vielleicht…

Dr. Schräg: Das geht schon in Ordnung. Bitte fragen Sie.

Anruferin: Macht Ihnen eigentlich Spaß, was Sie da machen?

Dr. Schräg: Nun ja, es kommt darauf an.

Anruferin: Wie meinen Sie das?

Dr. Schräg: Manche Anrufer tun sich schwer damit, einem fremden Menschen ihre Sorgen und Nöte anzuvertrauen. Das kann manchmal sehr frustrierend sein und erfordert viel Geduld meinerseits. Andere wiederum kommen gleich zur Sache und sind offen für einen guten Rat. Dann macht es natürlich mehr Spaß.

Anruferin: Dann sind Sie wohl auch ne Art Beichtvater.

Dr. Schräg: In gewisser Weise stimmt das. Ich höre ja oft von Verfehlungen der unterschiedlichsten Art. Eine Absolution kann ich natürlich nicht erteilen.

Anruferin: Wo kämen wir auch hin, wenn man nur jemand

anzurufen braucht, dem man von seinen Sünden erzählt und das war's. Angst vor Strafe? Fehlanzeige!

Dr. Schräg: Es gibt aber auch viele Menschen, die wollen gar keine Absolution.

Anruferin: Haben die denn überhaupt kein schlechtes Gewissen?

Dr. Schräg: Offenbar nicht. Sündigen kann ja auch Spaß machen.

Anruferin: Da ist was dran...

Dr. Schräg: Abgesehen von den wirklich schweren Verfehlungen, wie zum Beispiel Tauben vergiften oder etwas im Internet veröffentlichen, das kein Mensch lesen will, gibt es Sünden, die zwar niemandem schaden, aber aus ethischen und moralischen Gründen von vielen Zeitgenossen dennoch als verwerflich angesehen werden.

Anruferin: Stimmt! Was machen Sie eigentlich gerade? Sind Sie noch in Ihrer Praxis?

Dr. Schräg: Nein. Ich sitze gemütlich zuhause in meinem bequemsten Sessel, trinke meinen Lieblingswein, eine Flasche „Kummersberger Trockenbeerenauslese" Jahrgang 79, und plaudere ganz entspannt mit Ihnen. Sie haben übrigens eine sehr sympathische Stimme. Sie klingt... wie soll ich sagen... anregend. Man ist versucht, mehr von sich zu erzählen...

Anruferin: Das hat mir bisher noch niemand gesagt. Bitte sprechen Sie weiter!

Dr. Schräg: Ich bekomme oft Dinge zu hören, die eine Frau

selbst ihrer besten Freundin nicht erzählen würde. Auch Männer nehmen mir gegenüber kein Blatt vor den Mund, und sogar die Schüchternen unter den Anrufern haben nach einer gewissen Zeit keine Hemmungen, mir alles über sich zu erzählen, wenn man ihnen das Gefühl der Anteilnahme vermittelt.

Anruferin: Jetzt verstehe ich. Sie bringen die Menschen auf raffinierte Weise dazu, über ihre intimsten Geheimnisse zu sprechen, und dann veröffentlichen Sie das ohne Gewissensbisse in Ihrem sogenannten Protokoll, Wort für Wort. Pfui Teufel!

Dr. Schräg: Nein, nein, das stimmt so nicht, das sehen Sie falsch! Die Anrufer werden von mir grundsätzlich nicht nach ihrem Namen gefragt und auch nicht nach ihrem Alter oder der Adresse. Anonymität heißt das Zauberwort.

Anruferin: Dann bin ich beruhigt.

Dr. Schräg: Es macht einfach Spaß, wenn die Anrufer aus sich herausgehen und mir ihre Probleme offen und vertrauensvoll schildern. Am spannendsten wird es für mich natürlich immer dann, wenn sie mir von ihren Sünden erzählen.

Anruferin: Sie geilen sich daran auf, stimmt's?

Dr. Schräg: So krass würde ich das nicht formulieren. Aber da fällt mir übrigens wieder etwas ein. Zu Beginn unseres Gespräches habe ich Sie doch gefragt, was ich für Sie tun kann, und Sie antworteten, dass Sie viele Fragen an mich hätten. Haben Sie auch gesündigt?

Anruferin: Da muss ich Sie leider enttäuschen. Außerdem weiß ich jetzt, was ich wissen wollte.

Dr. Schräg: Schade!

Anruferin: Ach übrigens, ich habe mich ja noch gar nicht vorgestellt. Ich heiße Barbara Petersen und arbeite beim Finanzamt Hamburg Mitte, Abteilung Öffentlichkeitsarbeit. Ich rufe im Rahmen eines Forschungsprojektes der hiesigen Oberfinanzdirektion an. Es geht um die Verbesserung des leider immer noch gestörten Verhältnisses zwischen steuerpflichtigen Bürgern und ihrem zuständigen Finanzamt.

Dr. Schräg: Das klingt ja sehr interessant. Hat unser Gespräch Ihnen weitergeholfen?

Anruferin: Sie haben mir wertvolle Anregungen gegeben. Vielen Dank!

Dr. Schräg: Gern geschehen. Berichten Sie mir doch gelegentlich über das Projekt. Ich stehe Ihnen jederzeit mit Rat und Tat zur Verfügung. Vielleicht hat ja auch der eine oder andere Mitarbeiter Ihrer Behörde das Bedürfnis...

Anruferin: Danke für das freundliche Angebot. Ich komme zu gegebener Zeit darauf zurück. Auf Wiederhören!

Dr. Schräg: Auf Wiederhören!

Lena Schätte

Wie das Ende verzerrt, was der Anfang versprach

„Zart, jung, natursüß... Na dann, tanzt ihr Nutten, die Königin hat Laune", nuschelte ich frustriert vor mich hin, pfefferte die Dose Mais wieder auf den Schreibtisch und nahm genüsslich einen großen Schluck abgestandenes Sprudelwasser.

Der Abend war gescheitert. Nachdem ich mich mit Freunden auf einen Ritt durch die schillernden, glamourösen Clubs der Nachbarstadt vorbereitet hatte, waren wir letztendlich doch wieder bloß in derselben versifften Kneipe gelandet, in der sie mal wieder versammelt waren, die gebranntmarkten Insassen meiner ausstrahlungsarmen, seelenfressenden Betonklotzkleinstadt, vorteilhaft drapiert, billig dekoriert, allesamt im selben Hugo-Boss-Aftershave ersoffen, die paillettenbedeckten sekundären Geschlechtsmerkmale bis zum Kinn hochgeschnürt. Ein jedes Gesicht in diesem mir nur zu vertrauten Laden kannte ich, wusste um seine Geschichte, und das langweilte mich, so war ich heimgegangen. Nun saß ich in meinem dunklen Zimmer, das nur von Sex, Kommerz, boulevardmagazinartiger Dummheit und Zalando-Werbung, die über den Computerbildschirm in mein Gesicht strahlte, erleuchtet wurde.

Gelangweilt las ich Online-Magazine und Blogs, schaute Clips und kaufte Kleinkram, auf der Suche nach potenzieller Unterhaltung. Ich klickte mich durch die Profile, hier und da umspielte mich ein schönes Gesicht, Floskeln rauschten an mir vorüber, ich las in ihnen wie in einem fremden Tagebuch. Plötzlich entdeckte ich jemanden, an dem meine Augen geradezu klebenblieben. Sein Name war Johannes. Er war Anfang zwanzig, Lehramtsstudent, pflegte das, was ich „einen erstklassigen Musikgeschmack" nannte und war antifaschistischer Skinhead. Alles an ihm schien mit Bedacht auf seine geliebte, hochgelobte Subkultur, die ich nur aus der Ferne betrachtet kannte, ausgesucht zu sein. Seine kurzgeschorenen Haare, seine Tattoos, die Politik, die er mit Songtexten und Parolen vertrat. Er schien mir sofort über alle Maßen interessant, ganz anders als die Einheitsbreimenschen, die mir sonst auf meinen täglichen Wegen begegneten, und so kontaktierte ich ihn. Da unterscheidet sich das Prozedere im Internet kaum von der Realität. Man quatscht jemanden mit einem unbeholfenen Spruch an, der Lockerheit und Humor signalisieren soll, dabei hat man zuvor minutenlang die Worte in seinem Kopf gewendet und überlegt, was der beste Anfang sein könnte. Und mit ein bisschen Glück beginnt eine Konversation, so war es jedenfalls bei uns. Wir begannen zu chatten. Täglich. Wir fachsimpelten über Musik und Filme, er berichtete mir vom Skinheaddasein, von den Nächten in den Szeneclubs, den Konzerten, den Demonstrationen und der Energie, die ihn dazu trieb, sein ganzes Leben nach diesem einen, zentralen Punkt auszurichten. Aus unseren gelegentlichen Chats wurde schnell ein abendliches Telefonritual. Ich kauerte auf meinem Bett und lauschte seinen Geschichten, ließ es mit Wohlwollen zu, die meiste Zeit bloß zuzuhören und nicht zu reden.

„Hast du ein gutes Verhältnis zu deiner Familie?"

„Du stellst ja heute wieder tiefsinnige Fragen."

„Ach Quatsch. Sag!"

„Nein, hab ich nicht."

„Warum nicht?"

„Mein jüngerer Bruder hat das Down-Syndrom. Meine Eltern waren immer extrem fixiert auf ihn und haben um ihn herum alles vergessen. Ich bin dann mit 16 ausgezogen, und wenn es nicht unbedingt sein muss, sehen wir uns auch nicht mehr." Kurz schwiegen wir. "Bin ich jetzt ein Arschloch?"

„Nein. Ich versteh das."

Wenn er erzählte, sich selbst in Rage diskutierte und mit so viel Leidenschaft von den Dingen redete, denen er sein ganzes Leben verschrieben hatte, mir seine gesellschaftlichen Utopien vortrug, für die es sich in seinen Augen lohnte, auf radikalem Weg vorzugehen und seine Begeisterung geradezu durch das Telefon auf mich herunterprasselte, verschenkte ich all meine Hoffnungen an diesen, mir eigentlich komplett fremden Mann.

„Ich bin fast jedes Wochenende auf einem Konzert. Das ist das einzig Wahre für mich, du musst das mal miterlebt haben. Wenn wir da so stehen, Rücken an Bauch geschmiegt, völlig verschwitzt, total überdreht herumspringen, mit ganzer Lunge mitgrölen und neben der Musik einfach die ganze Welt im Nichts versinken lassen, ist mir eins klar: in solchen Nächten ist, solange der Tabak noch reicht und die Musik noch läuft, die Welt geradezu perfekt. True Story."

Was auf den ersten Blick so fremd war, fühlte sich schon bald vertraut an, und die Wochen flogen dahin. Ich versank in unseren nächtlichen akustischen zwischenmenschlichen Begegnungen, war bloß noch ein Schatten meiner selbst, war-

tend vor dem Telefon und gebannt vor dem Internet.
Schon bald beschlossen wir, den nächsten Schritt zu gehen, und so erzählte ich eines Sonntagabends meinen Eltern, ich würde zu meiner Freundin Sarah gehen, warf ein paar Sachen in meinen Rucksack und ging in Richtung Bahnhof.

Und so kam auch meine Regionalbahn in Richtung Johannes, und mit etwas Widerwillen stieg ich ein. Wie lange hatte ich mir diesen Tag herbeigewünscht, hatte mir ausgemalt, wie es sich anfühlen würde, doch nun war er abrupt gekommen und in mir eröffnete sich ein Gefühl des Unbehagens und der Wunsch, zu flüchten und wieder in das schlecht beleuchtete Schlafzimmer zurückzukehren, in dem ich die letzten Wochen wie gebannt das Telefon an mein Ohr gepresst hatte, seinen Worten gelauscht hatte. Eine monotone Frauenstimme aus dem Off begrüßte mich, wünschte mir eine angenehme Reise und ich ließ mich in einen der ausgesessenen roten Sitze fallen. Von Haltestelle zu Haltestelle wurde es endgültiger und es gab kein Entrinnen mehr. Ich kam mir vor wie ein einziges fettes Klischee, wie ich dort saß, ins Halbdunkle gekauert, die Kopfhörer prügelten mir mit voller Lautstärke gefühlsduselige Akustiksongs ins Hirn, und ich malte mir die allerschlimmsten Episoden aus. Was, wenn er ganz anders war, als ich dachte? Was, wenn er nicht mal der war, für den er sich ausgegeben hatte? Was, wenn mir in dem Moment, in dem ich graziös aus dem Zug auf das Gleis schweben sollte, die Jeans riss? Ich hatte es generell nicht so mit dem Graziös-Sein. Doch der Zug fuhr in den Großstadtbahnhof ein, ich tauchte in der Masse unter und lief in Richtung Bahnhofshalle, als ich ihn erblickte.

Da stand er nun. Nicht mehr bloß eine Stimme am Telefon, ein Gesicht auf einem Foto oder ein Facebook-Profil, sondern ein realer Mensch, der mit leicht gequältem Grinsen beobachtete, wie ich auf ihn zuschritt, ihn bereits analysierte.

Mit den Hosenträgern auf Anschlag, das Emblem des arschteuren Fred-Perry-Hemds wie ein stolzes Etikett auf die Brust getackert, die Dock Martins auf Hochglanz poliert, sah er aus, als hätte er jedes billige unaufgeklärte Klischee seiner Subkultur in eine Badewanne geschmissen, das Ganze mit Zuckerguss vermengt und sich dann stundenlang genüsslich darin gewälzt.

„Naaa..." begrüßte ich ihn gekonnt lässig, stellte mich auf die Zehenspitzen und umarmte ihn flüchtig.

„Hey, wie war die Zugfahrt?" begann er einen klassischen Smalltalk und klopfte mir mit betonter Unverbindlichkeit auf die Schulter, als sei ich sein Kumpel oder Ähnliches, was mich kurz irritierte.

Wir liefen durch die menschenleere, dunkle Stadt. Sie lag so verlassen da, wie ich sie nie zuvor gesehen hatte, und ich versuchte Schritt zu halten. Gelegentlich warfen wir uns musternde Blicke zu. Ich hastete ihm hinterher, als wir die Stufen zu seiner im gefühlten 127. Stockwerk liegenden Studentenwohnung erklommen, und hinter der schweren roten Wohnungstür eröffnete sich mir eine zusammengewürfelte, mit Stickern und Postern zugeklebte Wohnung, die ebenso gut zu Johannes passte wie sein Outfit. Parolen wie „Goodnight white pride" und „Nazis raus!" brüllten mir von den Wänden entgegen, hunderte Bücher und Filme stapelten sich in den Regalen, und es hatte eher etwas von einem Randgruppenmuseum als von einer Studentenwohngemeinschaft. Als Johannes mich in sein Zimmer schob, seine Smalltalk-Orgie dabei kontinuierlich weiter zelebrierend, tauchte sein Mitbewohner auf. Ohne meiner Anwesenheit Aufmerksamkeit zu schenken, wendete er sich an Johannes: „Sag mal, wann hast du morgen Vorlesung beim Niedermeier? Kann ja nicht sein, dass dieser Schmalspurpädagoge dreimal am Tag über dasselbe Thema referiert und ich's mir auch noch drei Mal anhöre!" Er sah nicht nur aus wie der verrückte Professor, sondern begann auch prompt in The-Big-Bang-Theory-Manier vor sich hin zu debattieren, worauf Johannes direkt einstimmte, und so begannen sie, sich über ihre Dozenten auszulassen und wie wild mit Fachtermini um sich zu schmeißen. Anfangs noch beeindruckt, dann aber schnell genervt von dem Gefühl der Dummheit und Überflüssigkeit, das sich von Minute zu Minute penetranter in meinen Kopf einschlich, war ich erleichtert, als der Mitbewohner mit dem Frettchengesicht nun das Zimmer verließ.

„Du wirst also auch von Basti tätowiert?" begann Johannes nun, reichte mir eine Flasche Billigbier, bereit, die einzige konkrete Gemeinsamkeit, die wir bis jetzt gefunden hatten, auszuschlachten, um der Stille keine Chance zu geben, und ich nahm dankend an.

„Ja. Also bis jetzt hab ich erst eins von ihm, aber es wird ausgebaut. Kommt Geld, kommt Farbe," grinste ich. Und so begannen wir ein peinlich detailliertes Gespräch über unseren gemeinsamen Tätowierer, sein Auftreten und seine Art, beim Tätowieren wirres Zeug vor sich hin zu faseln, um zu vermeiden, dass sich seine Kunden zu sehr auf den Schmerz konzentrierten. Schon breitete sich unser Gespräch über Tattoos, Festivals, Konzerte, Musik, den Ruhrpott und Markenklamotten aus. Er war ein sehr angenehmer Gesprächspartner, da er viel von sich selbst erzählte, ohne dabei zu sehr die einengende Selbstdarstellungsschiene zu fahren, und ich, der ich jemand war, der Zeit brauchte, um locker zu werden, einfach da sitzen, seinen Worten lauschen und mich mehr und mehr lockern konnte. Oft sah ich ihn zwar an, schenkte dem Inhalt seiner Rede aber kaum Gehör und betrachtete ihn nur, wie er da saß, seine riesigen Füße in blauen Wollsocken auf den Couchtisch gelegt, mich beim Reden geradezu wie gebannt anstarrte, eine kleine mit Aluminiumfolie umwickelte Wasserpfeife auf dem Schoß, die zu fortgeschrittener Stunde umfiel und die Couch in Brand setzte, woraufhin Johannes in einer heldenhaften Geste Bier über meine Beine in die Glut kippte. Auch wenn der junge Mann, der dort vor mir saß, über alle Maße interessant, bewundernswert und gut aussehend war, musste ich schmunzeln, da ich so gar nichts fühlte. Letztendlich sind wir doch alle Marionetten, die keinen Einfluss darauf haben, von wem sie sich angezogen fühlen und von wem nicht, und so verdrehte das Ende, was der Anfang versprochen hatte. Irgendwann beschloss er, offensichtlich zu dem gleichen Schluss gekommen, dass es Zeit sei, ins Bett zu gehen, es sei ja auch schon sehr spät. So verschwand ich mit meiner Tasche ins winzige, ebenso zugeklebte Bad und hing mich über mein Handy. „Lagebericht: Wir benehmen uns wie Brüderchen und Schwesterchen und die Utopie vom heißen, hemmungslosen Sex hab ich bereits begraben", schrieb ich meiner besten Freundin Angelika den obligatorischen, ironischen Zwischenbericht, den ich ihr versprochen hatte, putzte meine Zähne, und ging wieder zurück ins Zimmer.

„Warum schreibst du mir?" raunte mich Johannes an, der auf dem Bett saß und ebenfalls über seinem Handy hing und dessen Gesicht auffällig errötet war.

„Hä? Ich schreib dir nicht", antwortete ich und kramte in meinem Rucksack, bemerkte aber mit leichter Verunsicherung, wie sein Blick mir durchs Zimmer folgte.

„Doch klar. Jetzt gerade!"

„Nein."

„Doch! Zwischenbericht…" Prompt schoss mir das Blut

in den Kopf, noch bevor Johannes fertig rezitiert hatte. Ich musste beim Absenden der SMS nicht richtig hingeguckt haben.

„Öhöö", kam es nur so aus mir heraus. Was sollte ich nun noch sagen? "Die war eigentlich nicht für dich bestimmt, sondern für eine Freundin, mit der ich immer Späße über das heutige Treffen gemacht hab…"

Ein Lachen machte sich über Johannes' Gesicht breit, doch beschlich mich das ungute Gefühl, dass es eher ein abfälliges Über-mich-Lachen war als ein lockeres Mit-mir-Lachen.

„Bin ich dir zu langsam? Sollte ich dich lieber anspringen und dir die Kleider vom Leib reißen?" fragte er.

„Nein... äh…", stammelte ich vor mich hin. Es war zu spät. Das Zeitfenster, in dem daraus ein für uns beide zwischenmenschlich positiv-witziger Moment hätte werden können, hatte sich geschlossen, und nun saßen nur noch zwei Fremde in einem kleinen vollgestopften Zimmer nebeneinander, wissend, dass sie einander nach diesem Treffen nie wieder sehen wollten, doch dank der nächtlichen Regionalbahnpause noch die Nacht miteinander verbringen würden.

Ohne weitere Unterhaltungen betteten wir uns nebeneinander in Johannes' quietschende Ikea-Konstruktion, soweit voneinander weg, wie es nur möglich war, ohne herauszufallen, und schon bald war er eingeschlafen. Ich lag noch Stunden wach, lauschte seinem Atem, hasste mich selbst für das Fettnäpfchen, in das ich heute mit Anlauf gesprungen war. Hin und wieder berührten sich unsere Knie, er sprach im Schlaf und ich musste fast darüber lachen, wie sehr sich diese Situation von den vertrauten, liebevollen Träumen unterschied, die ich im Vorfeld gehegt hatte.

Am nächsten Morgen stand er auf, zog sich um und verließ die Wohnung. Wie abgesprochen lag ich noch eine Weile da, betrachtete sein Zimmer, stand irgendwann auf, verließ die Wohnung und irrte noch ein wenig ziellos durch die Stadt, bis ich mich endlich in meiner Regionalbahn wiederfand. Als die Welt an mir vorüberzog, all die Städte, wie Bilder aus einem hässlichen Bilderbuch, Menschen, wie Primaten in einem Glaskasten - dabei war ich die, die in einem Kasten hockte - wurde mir bewusst, dass es jetzt gerade in diesem Moment zwar noch weh tat, dass Johannes und ich uns wahrscheinlich nie wiedersehen würden, doch dass es nicht lange dauern würde, bis ich die Geschichte lachend meinen Freunden zum Besten geben würde.

***

Monate später besuchte ich ein Festival. Die Broilers traten auf die Bühne, und auch wenn ich schon den ganzen Tag auf den Beinen war, der Sonnenbrand mich wie gekochter Hummer aussehen ließ, der Magen leer war und die Reizüberflutung mein Hirn hatte weich werden lassen, begann ich erneut zu tanzen. Ich grölte die wunderbar herzlichen Texte mit, sprang von rechts nach links, hin und wieder drückte die Masse die Menschenmenge nach vorne und wir wurden aneinander gepresst. Plötzlich drückte es mich an einen nackten verschwitzen Oberkörper, die Brust auf meiner Augenhöhe, und ich starrte auf das Old School-Tattoo, das auf ihr thronte. Ich kannte es. Wusste erst nicht woher, doch ich kannte es. Ich schaute hoch und Johannes blickte auf mich herunter. Und für einen Moment, in dem die Welt um mich herum verschwamm, die Drums in meiner Brust bollerten wie eine Buschtrommel, standen wir einfach nur da, wie ein zermatschtes Sandwich aneinander gepresst und starrten in die Augen des jeweils anderen. Bald bewegte sich die Masse erneut, ließ uns voneinander wegtreiben, bald wurde aus seinem harten Gesichtsausdruck ein Schmunzeln, und kurz bevor unsere Blicke sich verloren, lächelten wir breit über beide Wangen.

Danach sah ich ihn nie wieder, doch wann immer ein unverkennbarer Skinhead meinen Weg kreuzt oder ein Broilers-Song durch meine Boxen strömt, muss ich schmunzeln und denke an unsere gemeinsame Geschichte.

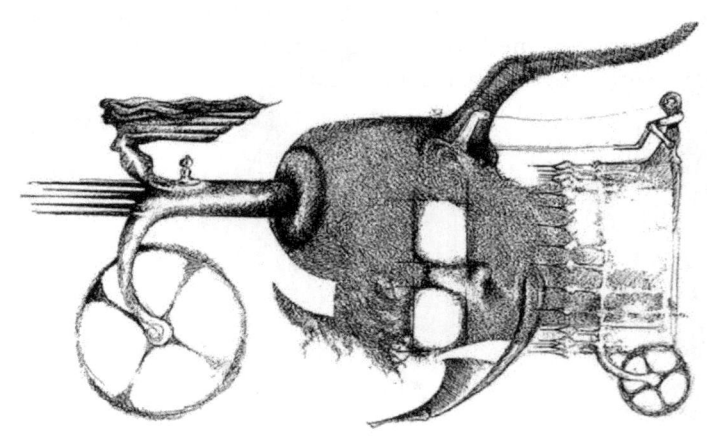

Günter Specht, ostwestfale bestellt das feld der worte

Lorenz-Peter Andresen

„Der Briefwechsel"

Ein kleiner Briefwechsel zwischen Mutter und Sohn, die in dieser Zeit noch keinen Telefonanschluss besaßen. Sprach- und Rechtschreibfehler sind hierbei vollends gewollt, denn sie entsprachen durchaus der teilweise gängigen Umgangssprache der hiesigen Landbevölkerung.

Irgendwo in friesischen Gefilden
12.10.1976

Hallo Mudder,

ich kann nicht denken, dass unser Nachbar Reiner wirklich weiß was ich weiß, und er nur so tut. Auch wenn er sagt, dass er mein Freund is, is gelogen! Er lücht immer, eigentlich.
Ist schon Tage her, dass ich gesehen hab, wo er meine Ellie heimlich anguckt hat, aber er hat geguckt, das weiß ich.
Sie meint, er sieht an ihr vorbei, aber rote Backen hat sie bekommen. Die bekommt sie nur immer, wenn jemand sie anguckt, so wie der Reiner! Vielleicht auch wenn sie Bier trinkt, oder Verstopfung hat. Aber auch wenn sie lacht.
Gestern hab ich ihn gesehen, den unser Nachbar, den Reiner. Wie er mit dem Wagen an uns vorbeigefahren is. Hat sie wieder angeguckt. Ich hab wütend weggesehen. Hat er bestimmt auch gesehen.
Dann hab ich einen Stein geschmissen, habe aber vorbei geworfen. Ich glaub er wollte erst aussteigen, ist aber dann weitergefahren. Meine Ellie hat nur geguckt. Ich glaub sie hat

gelächelt. Für ihn oder für mich, weiß ich nicht?
Heute ist sie nun zu Kaffe bei Trude, bei seiner Frau, die von Reiner wo auch er ist. Sie meint, er trinkt keinen Kaffe und is bestimmt draußen, aber ich weiß, er trinkt den Kaffe in die Werkstatt vom Hannes, wenn auch sein Auto da ist. Der Kaffe da ist auch gut.
Vielleicht darf ich das nicht schreiben, aber ich weiß, er muss heute in die Werkstatt, denn sein Auto is kaputt. Hab heut Nacht ganz leise den Auspuff von sein Auto abgebrochen, aber so is er heute in der Werkstatt beim Hannes und nich bei Trude und bei Elli zu Kaffee.
Ich schreib dir dann, ob er in der Werkstatt war.
Grüß Vaddi von mir.

Bernd

13.10.1976

An Bernd

Vadder sacht, das der Reiner, ich mein dein Nachbar, das der Reiner also bestimmt nie nich auf die Elli guckt. Schließlich, sacht Vaddi, ist die Trude vom Reiner eigentlich viel hübscher als deine Elli. Aber vielleicht kann sie ja, die Elli, ja besser kochen als die Trude von dem Reiner?
Vaddi sacht, die Mudder von Trude kann auch nicht kochen, weil er da schon mal gegessen hat. Ich auch zum Geburtstag von Trudes Vadder Karl-Heinz, als der sechzig geworden is. Da hat sie Schmorgurken gemacht, mit Gurken aus dem Glas von Reiners Oma, das Hack war auch nich gut.
War Reiner eigentlich nu in die Werkstatt von sein Auto?
Sach Elli, sie soll mal rüberkommen, hab das Rezept von die Schmorgurken. So schlimm war das dann auch doch nicht.

Mudder

14.10.1976

Hallo Mudder

Reiner war nich in die Werkstatt, nur sein Auto. Hannes hat gesacht, der Auspuff war nur locker und hat ihn mit son Draht festgemacht.
Reiner war Zuhause und hat Kaffe getrunken, mit der Elli und der Trude. Der Kuchen hat nich geschmeckt sagt Elli, denn Trude hat ihn gebacken, aber Reiner hat immer geschmatzt. Elli sacht, er hat sie gar nich angeguckt.
Reiner hat dann Trude weggeschickt, sie soll das Auto vom Hannes holen, als der angerufen hat, von die Werkstatt. Da ist Elli dageblieben und hat auf den Reiner aufgepasst. Denn er hat gesacht, er is krank und Elli hat's geglaubt. Trude glaub ich auch.
Elli kam erst um sechs wieder nach Hause. Hatte wieder rote Backen, sacht aber das kommt vom Schnaps, den die beiden getrunken ham. Reiner sacht, das is die beste Medizin, wenn er krank is.
Irgendwie sieht Elli jetzt ganz scheckich aus?
Morgen kommt sie wegen dem Rezept von die Schmorgurken zu dich.
Schick mal Vaddi rüber, hab noch ne olle Dichtung gefunden, für euer Klo.

Bernd

16.10.1976

An Bernd

Vadder hat jetzt endlich das Klo gemacht und stinkt nicht mehr so im Schlafzimmer. Hab zwei Stunden geschruppt, bis der Rest vom Schiet endlich wech war.
Hat Elli schon die Schmorgurken gemacht?
Trude war gestern bei uns, hat sich aufgeregt, das die Elli so oft bei ihr und beim Reiner ist. Ich glaub, Elli soll ihm man lieber nich so oft helfen, draußen im Garten. Ihr habt ja auch nen Garten, Bernd.
Sach ihr das Mal. Außerdem soll sie lieber mir helfen, denn Vaddi kann ja auch nicht mehr so richtig, und wenn er nicht mehr kann und mal muss, dann pinkelt er immer in Garten auf den Rababber. Der wächst dann besser, meint er.
Vaddi sacht, das Reiner in der Werkstatt bei dem Hannes war. Der Auspuff ist doch noch abgefallen. Die beiden haben bei dem Hannes nen Kaffee getrunken. Vadder sacht, der ist gut, aber nich so gut wie meiner.
Schick Elli doch noch mal rüber. Ich glaub, ich hab ihr das falsche Rezept mitgegeben. War das von die Schmorrippe mit kleine Gurken aus dem Prospekt von Kaufmann im Dorf.

Mudder

17.10.1976

Hallo Mudder

Hab vor einer Stunde mit Elli geschnackt, am Telefon. Sie war bei dem Reiner um Schmorrippe zu holen, sacht sie. Sie bleibt da, bis die aufgetaut is, sacht sie. Hoffentlich trinkt sie nich wieder so viel Schnaps mit Reiner.

Elli sacht, das Rezept von die Schmorrippe ist viel besser als das von die Schmorgurke. Reiner wollte ihr die Schmorrippe schenken. Warum, weiß ich nicht? Ich frach sie mal, wenn sie zurück is.
Letzt war sie wieder zum Kaffe bei Trude, obwohl die ja eigentlich bei dir war. Hab Abendbrot dann alleine gegessen.
Irgendwie sacht Elli nich immer die Wahrheit wenn es um Trude geht, denn ich glaub sie tut ihr leid, wegen Reiner, und der Reiner lücht ja auch immer.
Hab ich dir ja auch schon geschrieben, aber…

Gerade ging das Telefon, war wieder die Elli. Sie sacht, sie kommt später, weil die Schmorrippe noch nicht aufgetaut is. Ich glaub ich geh besser mal rüber und guck mal nach der Rippe vom Reiner!

Bernd

18.10.1976

An Bernd

Reiner war noch gestern bei uns, hat gefracht wo die Trude ist. Draußen stand die Elli und hat Vadder nach dir gefragt, der hat aber auch nicht gewusst, wo die Trude und du bist.
Du hast Recht, Bernd. Elli sieht wieder scheckich aus und Reiner roch nach Schnaps und seine Hose war auf. Vaddi meint, das passiert ihm auch immer, wenn er auf Klo war.
Außerdem war dein Auto weg.
Elli hat dann von uns den Hannes in der Werkstatt angerufen, aber du warst nicht da, aber er hat dich bei der Tanke gesehen, mit der Trude vorne. Elli hat doof geguckt und gesacht, das du nur nach Hause kommen sollst?
Reiner sah ganz schlecht aus. Hatte ganz rote Ohren, und

Elli auch. Als du nach Reiner rüber gegangen bist, waren da die Schmorrippen schon aufgetaut?
Reiner hat nur komisch geguckt, als ich ihn nach dir und die Rippen gefracht hab. Elli hab ich lieber nicht gefracht, so wie die geguckt hat.
Komm mal rüber zu ner Tasse Kaffe, der ist bestimmt auch gut wie bei Hannes und seiner Werkstatt.
Sacht Vaddi jedenfalls.

Mudder

19.10.1976

Hallo Mudder

Bring dir jetzt gleich den Brief rüber, und trink dann ne Tasse Kaffe bei euch. Elli war sauer, ich glaub auf mich, aber nicht so sauer wie ich auf die Trude.
Die Schmorrippe war noch immer nich aufgetaut, als ich gestern, ... ne vorgestern bei dem Reiner war. Und Elli und Reiner waren auch nich in der Küche und in der Stube nich und nich draußen, nur Trude saß da mit ner Buddel Schnaps. Als die alle war, sind wir, ich mein die Trude und ich ins Dorf erst zur Tanke und dann zum Kiosk und ham ne neue gekauft, ich mein ne Flasche mit Schnaps, sonst wird Reiner noch sauer auf die Trude.
Da haben wir noch ein Eis gegessen, denn Trude wollte nich nach Hause. Trude kann wirklich nich kochen, sacht sie selber, aber Vaddi hat Recht, Trude sieht wirklich viel besser aus als die Elli. Als ich nach Hause kam, war die Elli schon da, aber ihr Gesicht war wieder ganz scheckich. Ich hab ihr gesacht, das kommt vom dem Reiner, weil der einen immer anlücht, und sie auch. Da kann man ganz schön sauer und auch scheckich werden.

Aber nu is sie sauer, weil ich mit Trude beim Kiosk war. Ich hab sie dann gefragt wo sie war, wenn nicht beim Reiner in der Küche oder so. Da hat sie gar nichts mehr gesacht, ist aber trotzdem sauer auf mich. Warum is eigentlich der Hühnerstall von euch wieder auf? Hat Vadder bestimmt wieder vergessen. Die Viecher sind schon wieder bei uns in Garten. Komm gleich noch mal Rüber zu euch und steck dir dann den Brief in den Kasten.
Wird Zeit dass der Postbüddel wieder gesund wird.

Ich glaub, ich brauch ne Tasse Kaffe, bis gleich…

Bernd

Jiri Kandeler

Liebesgeflüster

Es sitzt ein Liebespaar am Strand,

sie hält zärtlich seine Hand,

und er raunt ihr leise zu:

„Es bläst der Wind, warum nicht du?"

Darauf sagt sie: „Menschenskind,

ich mach's genauso wie der Wind.

Darum Liebster, sei bloß still,

der Wind bläst auch nur, wann er will!"

Günter Specht, das unbedachte wort

roncarlo lingua
hob den ring
und ‚allé hopp'
die dünnbemannte kapelle sprang
alles kleinwüchsige windzwerge
mit leichten instrumenten
jeden abend bis 2009
dann verbot das neue schutzgesetz das halten
von musizierenden windzwergen
zu zirkuszwecken
das war ihr tod
leer ragt der ring in die luft
kein windzwerg springt mehr

günter specht

II.

Fun Food - Immer man rein!

Andreas Schumacher

Süß-sauren Soßen

Mein Name ist Xú Shi. Ich geboren 1953 in Shanghai, Volksrepublik China und arbeiten als IT-Systemelektroniker. Dann Geschäftsreise Deutschland. Ich viel Heimweh. Ich immer lieben mein Land. Mein Frau. Mein guten Appetit. Jetzt ich muss beschweren.

Sie nicht können Koch. Sie „unfähig". Immer kein süß. Immer kein sauer. Ich gebe Beispiel. Montag, ich kommen Deutsche Restaurant. Viel Hunger, wenig Zeit. Ich sitzen Tisch. Kellner kommen, Karte bringen. Speisekarte. Ich nichts verstehen. Aufschlagen. Erste Seite. Dort stehen große Buchstaben.

GUTBÜRGERLICHE KÜCHE

Für mich kein Sinn. Kein Verständnis. Ich denken, bestellen irgendwas. „Blindlings", so Sie sagen. Nächste Seite, dort stehen

GUTSCHEIN .... 10 Euro

Ich denken GUT, das gut, das „Spezialität des Hauses". Ich mich sagen „Nicht lange rumfackeln! Hals und Beinbruch!"

Also Kellner ich rufen, „Gutschein" ich bestellen.

Kellner „rollen Augen", „nachgrübeln". Dann nicken Kopf, lächeln. Ich denken „einfältiger Mensch". Dann Kellner spre-

chen ich sehen zu etwa acht Jahre alte Junge, „gestikulieren",
zücken Geldbeutel, geben Geld in Hand. „Taschengeld", ich
denken. Junge nehmen „widerwillig", „bockig". „Lausejunge", ich denken. Dann Junge verschwinden zu Straße.

Dann warten Ewigkeit. In diese Zeit kann gehen Einkaufen machen. Ich böse. Endlich. Essen bei Tisch. Nudeln mit
Soßen. Ich skeptisch. Ich beginnen. Viel heiß. Viel dampfen. „Macht nichts!" Was Soße? Ich probieren. Ich nicht verstehen. Dann Lichtaufgang. Sollen sein süß-sauren Soßen.
„Lachhaft!" Diese Soße Blödsinn. Diese Soße „Quatsch mit
Soße"! In mein Heimat so nicht. Viel besser. Ich winken
Kellner. Ich mich beschweren.

Koch „gestikulieren". Verschwinden in Küche. Ich sehr sauer. Essen Teller. Aber nicht bezahlen wollen. „So nicht", so
Sie sagen, „mein lieber Herr Gesangsverein!"
Koch tauchen auf. In Hand ein Tüte. Er zeigen mit Finger.
Ich sehen. Da stehen chinesischen Schriftzeichen. Sehr gut
ich lesen. „Süß-sauren Soßen" da stehen. Ich Kopfschütteln.
„Das nicht süß-sauren Soßen", ich denken, „Das Milch von
Brust von Frau mit kleine Baby-Kind!"

Koch sagen, das gute Qualität. „Deutsche Macke". Jetzt gewaltig Lichtaufgang. Das Tütensuppen! Restaurant „mich
übers Ohr hauen". Preisgünstig kaufen Suppen 1 Euro.
„Kurz erhitzen". Verkaufen Nudel und Soßen 10 Euro. Gewinn 9 Euro!

Ich große Wut. Kellner ohne Sinn „gestikulieren". Große
Esel. Ich fragen wo Toilette? Kellner zeigen. Ich gehen. Ich
fragen wo rauchen? Kellner zeigen. Ich gehen. Dann ich laufen schnell „wie von der Tarantel gestochen".

Selbstverständlich nicht bezahlen. Arschlecken!

Edmund Ruhenstroth

Urlaub auf dem Bauernhof

Um mich richtig zu erholen,
hatte man mir jetzt empfohlen,
statt im Ausland und am Strande:
mach mal Urlaub auf dem Lande.
Da gibt's frische Luft in Fülle
zwischen Kuhstall, Mist und Gülle.

Es bot auch gleich der Bauersmann
vom Huber-Hof ein Zimmer an,
gut ausgestattet und möbliert,
Familienanschluss garantiert.
So buchte ich dann, pro Person,
für knapp drei Wochen Vollpension.

Am zweiten Tag schon, auf der Tenne,
starb Hubers alte Legehenne,
ganz ohne äußere Belange,
sie fiel ganz einfach von der Stange.
Wir aßen dann auch im Verlauf
des gleichen Tags das Vieh noch auf.

Und kurz darauf starb, Knall auf Fall,
in Hubers altem Schweinestall
aus Altersgründen, ganz genau,
die preisgekrönte Muttersau.
Da gab`s, man konnte es erwarten,
drei Tage lang nur Schweinebraten.

Nach Legehuhn und Mutterschwein
ging dann auch noch der Ochse ein,
der hoch betagt im Stalle stand.
Das Weitere dann, wie bekannt:
acht Tage lang, tagaus, tagein,
gab`s Ochsenbrust in Moselwein.

Und gestern früh die Katastrophe:
da starb die Oma auf dem Hofe.
Ich war in Sorge, was das heißt
und bin dann schnellstens abgereist
und habe auch für mich erkannt:
nie wieder Urlaub auf dem Land.

Sigrid Minrath

Jan

„Sag mal, Jutta, wann gibt es eigentlich Abendessen?" „In zwanzig Minuten bin ich fertig. Hast du Hunger?" „Hm, nein!" „Ja, dann hätte ich mir ja diese Arbeit mit dem Auflauf auch sparen können!" „Wieso? Du musst doch auch etwas essen, und mir hätte im Übrigen ein Butterbrot genügt." „Mensch, Harald! Einmal am Tag muss man doch etwas Warmes essen." „Wer behauptet das denn, dass man das muss? Außerdem ist es unerträglich heiß draußen. Da kann man doch nicht so etwas Schweres aus dem Backofen essen." „Wieso denn schwer? Frisches Gemüse, Kartoffeln und fettreduzierter Käse. Du hast keine Ahnung und dann meckerst du auch noch rum." „Ich hab mich doch gar nicht beschwert, ich hab nur gesagt, dass ein Butterbrot für mich völlig ausreichend gewesen wäre!" „Ausreichend ist aber nicht gut!" „Ach, Jutta, jetzt lass mal gut sein und gib mir eine Portion von deinem frischen, heißen Auflauf. Sag mal, wo ist denn Jan um diese Zeit? Sollte er nicht mit uns zu Abend essen?" „Jan? Der ist doch bei seiner Freundin." „Meinst du ‚sein' oder ‚essen'?" „Äh, wie bitte?" „Na, du hast gesagt: Er ist bei seiner Freundin. Ist er bei ihr oder isst er bei ihr?" „Himmel, Harald, was der bei ihr macht, weiß ich doch nicht. Aber ans Essen werden die beiden wohl am wenigsten denken. Apropos ‚denken': Denkst du daran, die Getränke für Jans Geburtstagsparty am Samstag abzuholen?"

„Warum soll ich das eigentlich machen? Das kann er schön selbst erledigen. Schließlich wird er zwanzig, hat einen Führerschein und leiht sich das Auto ja auch oft genug für irgendwelche überflüssigen Spritztouren aus." „Ach, Harald, der Junge hat den Kopf doch so voll und so wenig Zeit, weil..." „Wenn er wenig Zeit hat, dann kann er eben nicht feiern, so eine Party erfordert Planung und Organisation." „Eben, da könntest du ihn doch etwas unterstützten. Oder kommst du in deinem Ruhestand vor lauter Terminen nicht dazu?" „Jutta! Mein Ruhestand heißt Ruhestand, weil ich mir meine Termine jetzt so lege, wie ich es will und niemand anders, und wenn Jan hundertmal mein Sohn ist." „Harald, du hast dich getäuscht, wie in so vielen anderen Dingen." „Das verstehe ich jetzt nicht." „Ach, egal, war nur so dahin gesagt. Lass uns jetzt essen. Guten Appetit!"

Marcus Nickel

Der Kartoffelkopf

Es war einmal ein Erdapfel,

der anders als ein Baumapfel

tief frustriert in der Erde saß,

denn es tat ihm sehr weh,

ohne Aussicht in süßer Höh'

in der Erde bleiben zu müssen.

Tapfer ertrug er den Schmerz,

indem er sich stets sagte,

ob nun Baumapfel oder nicht,

egal, wo man ist geboren,

letztendlich werden alle Äpfel

zum Verzehr geschoren.

Susanne Mathies

Unser täglich Brot

Schon wieder kurz nach sechs, als Bernd am Egli Reform im Hauptbahnhof ankommt. Er stellt sich schnell an die kürzeste Schlange. Am Tresen steht dort die Platinblonde mit dem verkniffenen Mund, schade, die Mütterliche nebenan wäre ihm lieber gewesen.
„Könnten Sie mir schnell das Vitalbrot zurücklegen?" fragt er die Verkäuferin, als er nach vorn gerückt ist. „Ich komme in fünf Minuten wieder."
Sie zieht die Mundwinkel missbilligend nach unten.
„Nein, so was tun wir hier nicht. Die Leute stehen hier an, um einzukaufen, da kann ich nicht einfach etwas zur Seite legen."
„Aber ich habe doch auch angestanden, um Sie darum zu bitten. Ich möchte dieses Brot, nachher kaufe ich noch andere Sachen, aber die muss ich erst zusammensuchen."
„Nein, ich hab's Ihnen doch gerade erklärt."
„Dann bezahle ich es eben jetzt, und nachher bezahle ich den Rest."
„Sagen Sie das doch gleich." Sie dreht sich nach dem Brotregal um, aber in diesem Moment streckt die Kollegin von der Kasse nebenan ihre plastikbewehrte Hand aus, schnappt das letzte Vitalbrot vom Brett und reicht es einem anderen Kunden.
„Das hätten Sie wirklich eher sagen können," sagt Bernds Bedienung, als sie sich ihm wieder zuwendet. Sylvia Sommer, so steht es jedenfalls auf dem Schild an ihrem flachen Busen. Bei seinen früheren Einkäufen hat er noch nie dort hingeschaut, aber es ist gut, seinen Feind zu kennen. „Män-

ner machen immer alles so kompliziert. Darf es sonst noch was sein?"
„Noch was?" Bernd bemüht sich, seine Stimme besonders sarkastisch wirken zu lassen. Es fällt ihm nicht schwer. „Bis jetzt hatten Sie mir ja außer sinnlosen Belehrungen nichts zu bieten."
„Wenn Sie nichts kaufen wollen, können Sie dann Platz machen für den nächsten Kunden?"
Bernd tut jetzt etwas, was er vorher noch nie getan, ja noch nicht einmal in Erwägung gezogen hat. Er beugt sich vor, zieht Frau Sommer an den Schürzenträgern nach vorn und gibt ihr einen langen Kuss.
„Sie brauchen das", erklärt er, als sie ihn danach sprachlos ansieht. „Es gibt nicht genügend Liebe in Ihrem Leben."
Dann dreht er sich um, ohne ihre Reaktion abzuwarten. Ob sie wohl noch mehr von ihm erwartet hat oder nicht, wird er sich in Ruhe zu Hause überlegen, wenn er ohne Brot am Küchentisch sitzt und sein Bier auf nüchternen Magen trinkt.

herbst im haar

wir räumen die parkbänke
nehmen unsere sommergeschichten
von den schattenplätzen
werden sie in träume wickeln
ganz tapfere aber harren aus
stülpen sich die wartekartons über den kopf
und lauschen den aufschlägen
des herbstlaubes
      Günter Specht

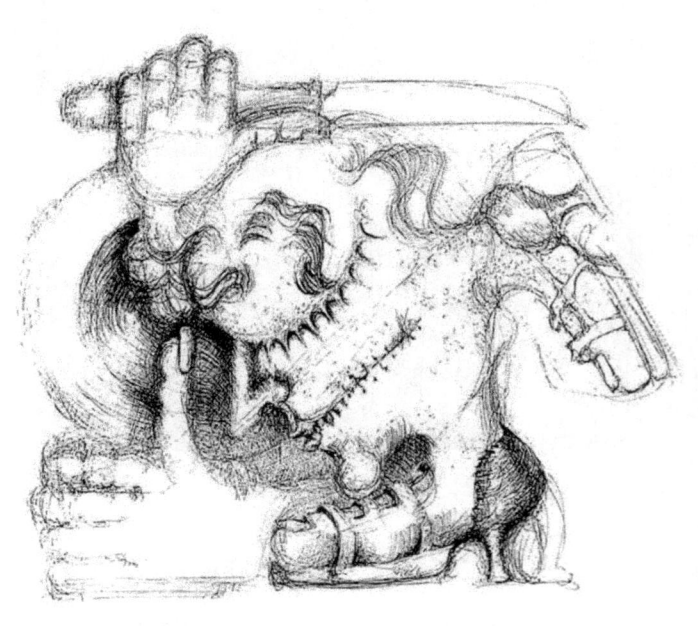

Günter Specht, beruf mutter

III.

Tierisch! Aufklärung per Knopfloch!

Bernhard Winter

Meine Katze töte ich nicht

Meine Katze töte ich nicht

Ich töte den Käfer

Den Dackel töte ich nicht

Nur die Fliege bin Mensch

Unsere Rösser essen wir nicht

Nur die Kühe sind Mensch

Norbert J. Wiegelmann

Bestiarium

Ein Esel saß auf hohem Ross
und fühlte sich als Boss.

Ein Frosch brach sich beim Sprung ein Bein –
leider hatte er kein Schwein.

Ein lahmer Wolf fragt sich beklommen:
„Bin ich jetzt auf den Hund gekommen?"

Im Fluss lebt zurückgezogen ein alter Wels,
der setzt sich keine Läuse mehr in den Pelz.

Das Schaf zur Ziege, die sich beschwert:
„Ich glaub, mich tritt ein Pferd."

Norbert J. Wiegelmann

Der Schwan

Auf einem See schwimmt ruhig ein Schwan,
am Ufer kräht ein stolzer Hahn.
Der Schwan zischt „Halt den Schnabel,
sonst kommst du auf die Gabel".

Der Hahn ist sichtlich irritiert,
dann ruft er äußerst indigniert:
„Aus dir spricht doch der pure Neid,
denn außer deinem weißen Kleid

ist an dir rein gar nichts toll!"
„Nimm deinen Schnabel nicht so voll!"
entgegnet gelassen der Schwan –
zurück bleibt ein verstummter Hahn.

Jiri Kandeler

Da muss er durch, der Lurch

Der Lustmolch saß in seinem Bau
und wartete auf seine Frau.

Es war der alte Sittenstrolch
schon spitz wie ein Malaiendolch.

Dem Molch war leider nicht bekannt,
dass seine Frau ihm durchgebrannt.

Der Lustmolch war ihr zu gemein.
Ihr Neuer soll ein Schwanzlurch sein.

Jiri Kandeler

Es steht ein Gnu am Wasserloch

Es steht ein Gnu am Wasserloch

und denkt: „Ein Schlückchen nehm ich noch."

Den Kopf beugt es zur Tränke hin,

doch schwimmt ein Krokodil darin.

Drum gibt das Gnu sich einen Ruck,

verzichtet auf den letzten Schluck,

und entfernt sich klugerweise.

Das Reptil denkt bei sich: „*Scheise*."

Das Gnu schwört noch in vollem Lauf:

„Heut hör ich mit dem Trinken auf!"

Jiri Kandeler

Geile Säue

Im Wald war keiner geiler

als der wilde Keiler –

allerhöchstens seine Frau,

das war vielleicht ne geile Sau.

Jiri Kandeler

Unter Nandus

Es sagte Nando Nandu
zu seiner Mandy Nandu:
„Du machst mich grad so an, du,
nu lass mich doch mal ran, du!"

Da sagte Mandy Nandu
zu ihrem Nando Nandu:
„Fass mich bloß nicht an, du,
sonst bist du aber dran, du!"

Drum sitzt nun Nando Nandu
in der Kneipe nebenan, du,
(und säuft sich einen an, du).

Jiri Kandeler

Herr und Frau Küchenschabe

Traurig hilft Herr Küchenschabe
seiner Frau beim Sachen packen.
Denn sie zieht mit ihrer Habe
rüber - zu dem Kakerlacken.

Verzweifelt fragt Herr Küchenschabe:
„Was hat er, was ich nicht habe?
Kann er etwa besser küssen?
Sag es mir, ich muss es wissen!"

Da antwortet ihm seine Frau:
„Das weißt du selber ganz genau.
Ich habe mich für ihn entschieden,
weil seiner größer ist! Zufrieden?"

Herr Küchenschabe hat seitdem
mit Kakerlacken ein Problem.

Jiri Kandeler

Frau Spinne

Frau Spinne weiß wohl aus Erfahrung,

ein Mann taugt allenfalls zur Paarung.

Denn zur Aufzucht seiner Blagen

hat er nicht viel beizutragen.

Da kann man ihn total vergessen,

das Beste ist, ihn gleich zu fressen –

so dient er wenigstens als Nahrung.

Jan-Eike Hornauer

Der Streichelfisch

Ich habe mir einen Streichelfisch gekauft. Er ist mir schnell langweilig geworden, denn so ein Streichelfisch kann nicht viel. Selbst zum Streicheln ist er nicht sehr gut zu gebrauchen: Im Wasser streichelt es sich schlecht. Außerdem wird man nie zurückgestreichelt. So ein Streichelfisch ist sehr passiv. Man hat nicht viel von ihm – außer Arbeit wegen des Aquariums. Und das nimmt auch noch sehr viel Platz weg.

Jetzt liegt mein Streichelfisch zum Trocknen auf der Fensterbank über der Heizung. Das Aquarium habe ich bereits in den Keller gestellt. Bald ist mein Streichelfisch ganz trocken, dann lässt er sich gewiss viel besser streicheln. Und mehr Platz habe ich auch wieder – und weniger Arbeit. Außerdem kann ich mich jetzt richtig auf ihn einlassen. So ein Streichelfisch wird ja nicht sehr alt. Und getrocknet hält er ewig, das ist genau wie bei den Blumen. Ich muss also keine Angst mehr haben, dass er plötzlich weg ist.

Ich mag meinen Streichelfisch. Wir werden bestimmt noch richtig gute Freunde. Das ist ja häufig so, dass der Anfang erstmal nicht so ist, wenn dann eine richtig gute Freundschaft daraus wird. Man muss sich erst kennenlernen und aufeinander zugehen. Das ist wichtig. Gleich von Beginn an passt es selten. Und wenn, dann hält es meistens nicht so lange. Deswegen ist es gut, dass ich ihn anfangs nicht mochte, meinen Streichelfisch. Denn jetzt werde ich ihn ganz, ganz lange haben.

Klaus Urban

Knopfloch - oder ein Aufklärungsstück

Kürzlich war mein gleichaltriger Freund Ben zum ersten Mal in seinem Leben bei einer besonderen Spezies Ärzte, nämlich beim Hautarzt, den er komischerweise schon nach kurzer Zeit nicht leiden mochte. Dass das auf Gegenseitigkeit beruhte, konnte er da noch nicht wissen. Seine Antipathie setzte wahrscheinlich in dem Moment ein, als ihm wieder mal klar wurde, dass und wie sich viele Menschen hinter ihrem Beruf verstecken, dass sie dort ihrer heimlichen Leidenschaft, ihrem versteckten Laster unverhohlen frönen oder ihre Bedürftigkeit verbergen können, ohne dass man das richtig merkt. Darüber hatten wir uns erst neulich unterhalten. So sind Psychologen z. B. eben Psychologen, weil sie es selber am nötigsten haben; so sind Chirurgen, Chiropraktiker, Physiotherapeuten und Metzger meist Sadisten, Banker und Lehrer sind Masochisten und Hautärzte sind eben verhinderte Voyeure, die ihr Laster dann auch noch ordentlich zu Geld machen! So gesehen müsste man es als Glück ansehen, dass Slammer kein (richtiger) Beruf ist; die wären dann nämlich eigentlich Exhibitionisten, also Verbal-Exhibitionisten.
Ben also zum Hautarzt hin, muss man ja mal, in dem Alter, von wegen Vorsorge und so weiter. Aber dass das dann so weit ging, hatte er nicht gedacht; viel weiter, als er dachte. Er war - wie ich übrigens auch - immer der Meinung, Haut, das sei die Außenseite, also alles das, wo verbotenerweise früher die Sonne viel zu lange draufgeschienen hat. Damals war man ja schutzfaktormäßig noch nicht so up-to-date. In dieser, aber nicht nur in dieser Hinsicht, sind wir beide noch alte Indianer: Jeden Sommer Rothaut gewesen! Der Haut-

arzt schaut sich also, leidenschaftlich intensiv, teils begeistert, teils betrübt, alles außen sehr sorgfältig und manchmal sogar mit einer riesigen Lupe an und murmelt unverständlich vor sich hin. Es hört sich wie Fachchinesisch an, aber Ben hätte es natürlich schon sehr gern verstanden bzw. die Übersetzung gehabt, um zu wissen, weshalb der nun wirklich an den verschiedenen Stellen gejuchzt und gestöhnt hat.

Aber auf einmal will er ihm auch in den Hintern gucken. Ben ist so überrascht, dass er zu lange überlegt, und bevor er es sich überlegt hat, sitzt er schon auf so einer Art Gebärstuhl und kann sich nicht mehr wehren. Offensichtlich geht seine Haut auch innen weiter - obwohl ihm das eigentlich zu weit geht! Ob und was der Medikus dann da innen beobachtet hat, überlassen wir höflich der ärztlichen Schweigepflicht.
Als er schließlich fertig ist, muss der Arzt ihm noch unbedingt etwas mitteilen, er sagt: „Sie haben übrigens einen anatomisch sehr merkwürdigen Anus!" Hä?! Ben macht große Augen. Wie bitte? Siehste, denkt er sich, ich habe gleich geahnt, dass er mich nicht leiden kann! Sagt der Arzt doch glatt zu ihm: „Sie haben übrigens einen anatomisch sehr merkwürdigen Anus!" Ben wusste natürlich, was der wirklich meinte, nämlich „Sie sind ein merkwürdiges Arschloch!", aber das kann der als Profi nicht so und nicht laut sagen; als Fachmann muss er sich da medizinisch verklausuliert ausdrücken. Ben war sich sicher, der wollte ihn so richtig ärgern. Warum sollte er es sonst ausdrücklich sagen, vor allem, wenn es weder krankhaft noch gesundheitsschädlich ist! Er hätte es doch einfach akzeptieren und stillschweigend tolerieren können, dass Ben da eben irgendwie anders ist.

Als Ben seinem Sohn davon erzählte, sagte der gleich, er solle solche Fäkalsprache nicht verwenden, das passe nicht zu ihm. Da war seine Toleranzgrenze überschritten. Aber das hätte er mal diesem Hautarzt sagen sollen; schließlich hat

der damit angefangen! Doch Ben ist ja ein artiger Papa und hört auf seinen Sohn; deswegen sagt er als Kompro*mist* stattdessen jetzt immer „Knopfloch". Dagegen kann eigentlich keiner was haben, meint er, oder?
Als dieser Hautarzt ihn also Knopfloch genannt hat, da schoss ihm gleich durch den Kopf: Wenn das schon mein im weitesten Sinne *hintern*fotziger Hautmedikus sagt, der mich kaum kennt, was meint dann wohl die übrige Welt zu mir? Aber nicht genug damit, denn dann treibt der es noch auf die Spitze, indem er das erklärend spezifiziert: „Sie haben nämlich einen trichterförmigen Anus!"

Cool, das hatte gesessen! Wie vor den Kopf geschlagen – oder besser eigentlich, sprichwörtlich in den Hintern getreten, ist Ben aus der Praxis raus. Das hat ihm dann aber doch, und zwar über längere Zeit hin, zu denken und zu grübeln gegeben, ein trichterförmiger Anus. Die unglaublichsten Assoziationen schwirrten ihm durch den Kopf. Z. B. die mit dem sogenannten „Nürnberger Trichter", von dem die meisten sicher schon gehört haben. Über diesen Trichter wurde, wie die ganz alten Pädagogen glaubten, das Kind belehrt und gelehrt (mit „h" versteht sich!), indem das Wissen direkt durch diesen Trichter in den Kopf des Kindes kommen konnte. Ja, und bei ihm sitzt der Trichter eben da unten. Das erklärt auch mir natürlich nachträglich vieles.
Deswegen hat er früher solche Probleme mit dem Lernen gehabt und vieles einfach falsch herum verstanden! Und der Weg zum Gehirn ist dann auch noch so lang! Kein Wunder, wenn da so manches unterwegs verloren geht oder möglicherweise auf dem falschen Weg verdaut wird.
Und dann diese andere Sache mit den sogenannten Lernkanälen: Fortschrittliche Lehrer berücksichtigen heute ja schon, na ja, ab und zu, die verschiedenen Lernkanäle, über die ein Kind bevorzugt lernen kann; also z.B. den auditiven Kanal über das Ohr oder den visuellen über das Auge – und

bei ihm war das halt der rektale Kanal, über den... Natürlich hat das damals keiner gewusst oder geahnt. Auf dem hat er ja eigentlich immer nur gesessen – wie man das in der Schule eben so machen muss. Und ich weiß das, er saß neben mir. Von daher ist klar, dass er eigentlich auch gar nicht richtig zugänglich bzw. ihm der Unterrichtsstoff nicht zugänglich war. Jetzt weiß ich auch, warum der Lehrer öfter zu Ben, wenn der was nicht mitbekommen hatte, so zynisch vorwurfsvoll gesagt hat: „Du sitzt wohl auf Deinen Ohren!" – Ja, Recht hat er gehabt – ohne es wirklich zu wissen! Aber der Lehrer fand es nur witzig und hatte Ben mal wieder blamiert - und der hatte die Knopflochkarte.

Trotzdem ist Ben groß geworden und was geworden, ohne hoffentlich so ein großes Knopfloch geworden zu sein. Aber wenn man dann schaut, was es unter den normalen Anussen oder Anüssen - nein, wahrscheinlich heißt es Ani - für Knopflöcher gibt, da wird einem ganz anders. Richtige Knopflöcher überall, auf allen Ebenen. Z. B. auf Mini-Knopflochebene, wenn man etwa die kleinen Knopflöcher in den nachmittäglichen Fernsehtalk- oder Doku-Shows sieht, oder auf einer hohen Megaebene, wenn man sich da viele Politiker anschaut, und nicht nur die, die aktiv den Weltfrieden gefährden, oder einfach solche stinkreichen Knopflöcher, die an der Côte d'Azur und auf Florida und auf Madagaskar eine Ferienvilla besitzen und sich hierzulande über zu hohe Steuern beklagen, oder dieses Knopfloch von Hausbesitzer, der 12 Asylbewerber in einem Raum „wohnen" lässt und ihnen dafür 90% ihres schwarz verdienten Geldes abknöpft, oder diese kleingeistigen Knopflöcher, die gegen alle anderen Kulturen oder Hautfarben sind bzw. andere Menschen nicht tolerieren, weil sie einfach eben nur anders sind als sie.

Nein, also da bin ich dann doch froh, dass Ben kein normales Knopfloch ist, sondern mit Stolz seine anatomische

Merkwürdigkeit trägt und wir beide zusammen als alte Indianer ein bisschen für Toleranz und den Weltfrieden kämpfen! Howgh!

Gereimte Mini-Version:

Sprach der Hautarzt einst zu Ben als Richter:
„Sie haben ein Knopfloch wie ein Trichter!"
Ben denkt, der ist doch nicht ganz dicht, der
geht weit hinaus über seine Pflicht, der
ist doch wohl kein helles Licht. Er-
bost: du kannst mich mal am Trichter,
spricht er,
nimmt weiter den Gedanken *nicht* schwer –
und ich stimm ihm zu, denn von andrer Sicht her:
Schlimmer wäre, hätte Gicht er
oder aber er wär Dichter!

Gerda Spindler

Irgendwann, wenn wir beide Katzen sind

„Er stirbt!" Das gekreischte Flüstern seiner Frau riss ihn aus seinem Dämmerzustand. „Er stirbt!" wiederholte sie in diesem Moment etwas leiser und gefasster. Wem teilte sie eigentlich diese Erkenntnis mit, und woher kam dieses Wissen, fragte er sich. „Siehst du, die Katze hat sich zu ihm aufs Bett gelegt!" „Du lieber Himmel", dachte er, „jetzt orakelt sie wieder!" „Ich habe gelesen", wisperte sie wieder, so laut und aufgeregt, dass sein Trommelfell in unangenehm heftige Schwingungen versetzt wurde, „dass Katzen spüren, wenn Menschen dem Tod nahe sind, und dass sie dann deren Nähe suchen." Ein Schluchzen von der anderen Bettseite. „Meinst du wirklich, Mama?" „Meinst du wirklich, Mama?" äffte er sie nach, im Geiste natürlich, in Wahrheit gab er keinen Ton von sich.

Stühle wurden ans Bett gezogen, einer links, einer rechts, jede der Frauen ergriff eine seiner Hände und begann sie rhythmisch zu streicheln. „Na, soviel Zuwendung hab ich aber seit langem nicht mehr erfahren", dachte er boshaft, „und sogar die Katze gibt mir das letzte Geleit. Nicht zu glauben! Seit sie im Hause ist, sind wir einander aus dem Weg gegangen, da kommt sie jetzt plötzlich hier angeschissen und liegt mir im wahrsten Sinne des Wortes im Magen. Blödes Vieh!" Mussten die beiden seine Hände eigentlich derart intensiv bearbeiten? Es fing langsam an, unangenehm zu werden. „Und diese verfluchte Katze!" Das Wort ‚Katze' blieb in seinem Kopf hängen und suchte sich, das heftige Schluchzen der Frauen im Schlepptau, mühsam einen Weg durch seine Gehirnwindungen, bis es plötzlich auf eine Erin-

nerung stieß: „Ach Katerchen! Irgendwann, wenn wir beide Katzen sind." Wie lange war es her, dass sie ihm weinend diese Worte ins Ohr geflüstert hatte, während ihre Tränen an seinem Hals hinuntergelaufen waren? Egal! Es spielte keine Rolle mehr, ob es zehn, zwanzig, fünfzig, oder hundert Jahre waren. „Das ist nicht unsere Zeit", hatte sie gesagt. Sie waren beide schon verheiratet gewesen, nur eben nicht miteinander. „Wann wird unsere Zeit sein?" hatte er wissen wollen. „Ach Katerchen! Wenn wir beide Katzen sind." Damit war sie aus seinem Leben verschwunden.
„Herrgott! Diese flennenden Weiber schubbern mir langsam die Haut von den Händen! Und diese verdammte Katze..." Wieder bahnte sich dieses Wort einen Weg in sein Gedächtnis: „Wenn wir beide Katzen sind..." Seine Gedanken drifteten davon.

Er fühlte, wie er immer leichter wurde, war davon überzeugt, über dem Bett zu schweben. Ja! Er konnte spüren, dass er über seinem Bett schwebte. Na ja, dass zumindest ein Teil von ihm schwebte, denn immer noch malträtierten die beiden Frauen seine Hände und tackerten ihn damit geradezu auf seiner Unterlage fest, was ein grobes Ungleichgewicht zur Folge hatte. Sein astrales Fahrgestell, also, Beine und Hinterteil, strebten himmelwärts, während sein übersinnlicher Oberkörper aus besagtem Grunde, und des blöden Stubentigers wegen, eben nicht von der Lagerstatt los kam. Da baumelte sie, seine Seele. Mit dem Kopf nach unten. „Was für ein unwürdiger Abgang!" Zorn wallte auf in ihm, und unter Aufbietung seiner allerletzten Kräfte befreite er seine irdische Hülle mit einem heftigen Ruck aus den klammernden Griffen seiner Hinterbliebenen *in spe*, verschränkte trotzig die Arme über der Brust und versteckte seine Hände in den Achselhöhlen. Frau und Tochter fuhren entsetzt zurück, und er hätte beinahe laut aufgelacht beim Anblick ihrer verstörten Gesichter, aber in diesem Moment passierte etwas, was er

kaum glauben mochte: Die Katze auf seinem Bauch, ebenso betagt wie er selbst, war durch seine unvermittelte Aktion und das erschrockene Gequieke der beiden Frauen derart in Panik geraten, dass sie mit einem markerschütternden Kreischen hoch sprang, im nächsten Moment vom Schlag getroffen das offenbar letzte ihrer sieben Erdenleben aushauchte und polternd neben sein Bett plumpste. Endlich war es ihm möglich, sich vollständig aus seiner ausgeleierten, abgetragenen irdischen Hülle zu schälen .
Ein Sog erfasste ihn. Zunächst in großen, ruhigen Kreisen, dann immer schneller und schneller bewegte er sich auf eine trichterförmige Öffnung zu, fast so, wie in einer der riesigen Wasserrutschen, die er noch so gerne einmal ausprobiert hätte, wenn er mit seinen Enkeln eines dieser Spaßbäder besucht hatte in den letzten Jahren. Aber ein künstliches Hüftgelenk sowie ein Herzschrittmacher, und ganz besonders das ewig schlecht sitzende Toupet, hatten ihn stets davon abgehalten. Jetzt aber, befreit von seinem alten, gebrechlichen Körper und der Zweitfrisur, schien ihm alles möglich, und es war ein unglaubliches Gefühl, sich wie auf einem Luftkissen abwärts zu schrauben.

„Abwärts?" „Warum abwärts? Himmelwärts wäre doch der Plan, oder nicht?" Also darauf hatte er jetzt wirklich keinen Bock! „Nichts wie zurück!" Sicher konnte er das Ganze jetzt noch wie eine kurze Ohnmacht aussehen lassen, ohne dass die Weiber gänzlich durchdrehten, angesichts der Tatsache, dass sie einer Auferstehung beiwohnten. Mit einem kräftigen Schwung drehte er sich herum und… hatte die Katze vor sich. „Ach ja, du hast ja auch den Löffel abgegeben. Gute Güte, aus dem Weg du dummes Vieh. Das ist die falsche Richtung!" schrie er das Tier an und versuchte, es zur Seite zu schieben. „Rrrrrrrrr!" raunte die Katze. Sie stieg anmutig von einem Bein aufs andere, präsentierte sich stolz von allen Seiten, und das hübsche Schwänzchen trug sie hoch

aufgerichtet. Dabei verströmte sie einen Duft, der ihm schier die Sinne raubte. Etwas ihn ihm regte sich. Was war denn plötzlich los mit ihm? Dieses süße Ding übte eine geradezu animalische Anziehungskraft auf ihn aus. „Rrrrrrr". Ihre grünen Augen blitzten geheimnisvoll, und ein tiefgründiger Blick versenkte sich in den seinen. „Ach Katerchen! Wenn wir beide Katzen sind…", hörte er sie flüstern, während sie sich, an ihm reibend, an ihm vorbei schob. Die Erkenntnis streifte ihn wie ein Blitz. „Wow! Das gibt's doch nicht!"
Schnell folgte er der Mieze, laut und wohlig schnurrend. Sein Schwänzchen trug er hoch aufgerichtet.

IV.

Sehr geehrter Herr Schinkenroh!
Mama schreibt!

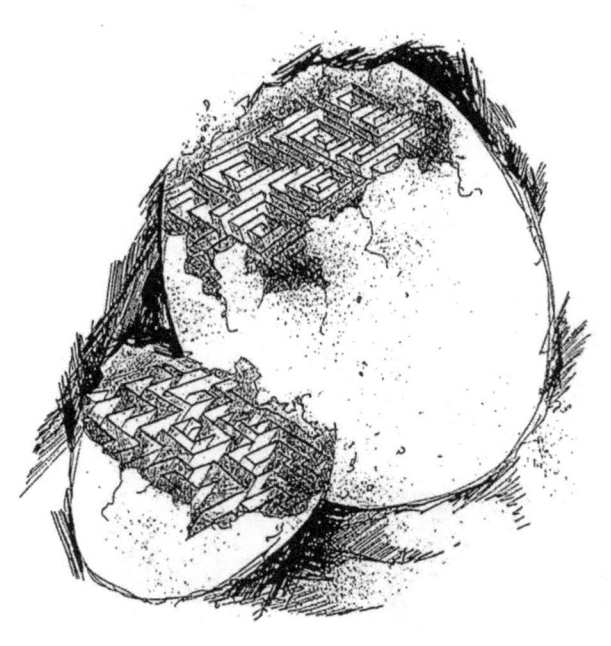

Günter Specht, die geburt des labyrinths

Andreas Schumacher

Brief eines Vaters

Sehr geehrter Herr Winkelhuber,

ich habe mich dafür entschieden, mich in dieser meiner Angelegenheit – die allerdings durchaus auch die Ihrige sein dürfte – direkt an die höchste Stelle Ihres Betriebes, d.h. an Sie höchstpersönlich, zu wenden. Zwar hat mich der Internet-Auftritt Eures Erlebnisparks auf eine gewisse Frau Kümmerle hingewiesen, die für Rückmeldungen, Anregungen, Lob und Kritik zuständig sei, aber ich ziehe es in diesem Fall vor, von Mann zu Mann zu sprechen, denn ich glaube, dies macht es mir leichter, unseren kleinen Familienausflug vom 28. August in Ihren Park ungeschminkt und en detail zu schildern.

Die ganze Sache verdankte sich dem 6. Geburtstag unseres Jüngsten, namentlich Dominik-Sören, der eine Broschüre Ihres Labyrinthgartenparks aus dem Kindergarten nach Hause schleppte und darauf bestand, denselben binnen Kürze zu besuchen. Meine zweite Frau Birgit übernahm die Verhandlungen mit Ihrem Stiefsohn und erreichte, die – meiner Meinung nach horrenden – Kosten einer Familientageskarte von 15 Euro mit dem Geburtstagsgeschenke-Budget von Dominik-Sören zu verrechnen, sodass der Familienkasse keine außerplanmäßigen Kosten entstanden. Das heißt klipp und klar formuliert: Dominik-Sören verzichtete auf eine neue Handykarte und bekam dafür seinen heißersehnten Familienausflug.

Was die Sache erheblich verkomplizierte, war der Umstand, dass meine übrigen Kinder dem Ausflugsziel, ja der Idee eines Ausfluges im Allgemeinen teilweise von vornherein kritisch und abweisend gegenüberstanden. Was – wenn Sie sich einmal erinnern möchten – hätten wir früher in diesem Alter nicht alles dafür hergegeben, um ein derartiges Abenteuer und Spektakel erleben zu dürfen! Aber die heutige Jugend – und sofern Sie selbst Kinder haben, muss ich darüber wohl nicht viele Worte verlieren – scheint es offensichtlich zu bevorzugen, zuhause „abzuhängen" und sich mit diesen stumpfsinnigen (und für uns Erziehende: nervtötenden) Videospielkonsolen zu „vergnügen". Damit ich mich deutlich ausdrücke: Es war tatsächlich seitens meiner älteren (gerade mal 13- und 14-jährigen) Jungs die Rede von „Kinderkram", „sterbenslangweiligem Rumgerenne" und „Babyscheiße". Ich bezweifelte allerdings sofort, ob die Jungs überhaupt wussten, von was sie da sprachen – wahrscheinlich assoziierten sie Irrgärten ausschließlich mit zugegebenermaßen eher primitiven Videospielen wie „Pacman", „Bomberman" oder „Kwirk2000".

„Das Durchqueren eines authentischen Irrgartens", versuchte ich vermittelnd zu erklären, „ist im Grunde nichts anderes als das Abklappern eines x-beliebigen Levels eines eurer 'superaufregenden' 3-D-Ego-Shooter-Gewalt-Spiele, selbstverständlich ohne Granaten und Maschinenpistolen, dafür bekommt Ihr allerdings eine frische Brise Luft gratis obendrauf, statt des Elektrosmogs eurer Play Station 360."

Um es kurz zu machen: Meine zwei älteren Jungs erklärten nach langen Diskussionen ihre Teilnahme, unter der Voraussetzung, dass ihr tägliches – von mir und meiner Frau strengstens kontrolliertes – Videospielpensum auf unbestimmte Zeit von täglich drei auf täglich vier Stunden heraufgesetzt wurde.

So brachen also meine drei Stieftöchter, die dank meiner jetzigen Frau Birgit und ihrem einstigen Mann auf die etwas einfallslosen Namen Jennifer, Chantal und Jacqueline hören, meine vier Jungs, die dank meiner ersten Frau – die allerdings

mehr Zeit auf die Manuskripte ihrer Lyriksammlungen „Seelenschmerzperlen", „Muttertränen" und „Mutterfreuden" als auf die Erziehung ihrer Kinder verwandte – auf die eher seltenen Namen Dominik-Sören, Frederik-Luca, Huck-Jerome und Paul-Jakob-Eberhard hören, meine Frau Birgit und ich am frühen Nachmittag des 28. August auf.
Auch wenn ich durch die Lektüre Ihrer Informationsbroschüre über die hohen Instandhaltungskosten von jährlich 400.000 Euro bestens unterrichtet wurde, ich finde doch, in dem Eintrittspreis sollte – vor allem an heißen Tagen wie dem 28. August dieses Jahres – wenigstens ein Eis pro Parkbesucher mit inbegriffen sein. So nämlich ging das Gequengel und Geschrei gleich am Eingang los, wo wir (mit allerhöchstens fünf Euro in den Taschen) auf einen Eisstand trafen, der – Sie werden es wissen – vom kostengünstigen „Flutschfinger" bis zum abendfüllenden Erlebnis-Eis „Magnum" alles anbot, was das Kinderherz heiß begehrt und höher schlagen lässt.
Dominik-Sören hätte gerne ein „Capri" gehabt, Frederik-Luca ein „Bum-Bum", Huck-Jerome ein „Cola-Beach" und Paul-Jakob-Eberhard einen „Braunen Bär". (Chantal: ein „Nogger", Jacqueline: ein „Nucki-Nuss", und Jennifer: erwartungsgemäß nichts, da sie „auf Diät" war.)
Meine Frau und ich verständigten uns durch einen geheimen Kopfnick-Code auf einen alten Trick, der die Kinder damit vertröstete, man werde gegen später noch genug Zeit für eine kleine Eispause haben, wobei wir insgeheim darauf hofften, der Nachmittag würde irgendeine unvorhergesehene Wendung nehmen, die die Kinder den Eisstand vergessen ließ.
Das nächste Problem waren die Verleihstände, an denen unsere Kleinen mit Walkie-Talkies und Navigationsgeräten geradezu angefixt wurden. Ich muss doch schon sehr bitten! Abgesehen von den anmaßenden Leihgebühren, verraten wir – das frage ich Sie als den Betreiber und Hauptphilosophen hinter dem Projekt – dadurch nicht auf höchst erbärmliche

Weise die Idee des Irrgartens an sich?! Reichte uns in unseren Jugendjahren nicht ein einfacher Kompass? Gingen wir nicht viel öfter noch sogar völlig unausgerüstet – technikfrei – in die Gärten hinein? Bleiben die – zugegeben schön arrangierten – Blumenbeete am Wegesrand nicht komplett unbeachtet, wenn ein jeder, einen (oder gleich mehrere) Ka(e)sten in der Hand, wie ein Berufssoldat durch das Labyrinth marschiert? All dies gebe ich fürs Erste zu bedenken.
Wie Sie sich denken können, entschieden wir uns für die „klassische" Variante ohne technischen Schnickschnack, d.h. genau genommen mieteten wir, auf das Drängen Dominik-Sörens hin, der mit einem Hungerstreik drohte, ein einziges Walkie-Talkie – mit dem wir natürlich nichts anfangen konnten, da die Geräte der restlichen Besucher auf andere Wellenlängen eingestellt waren. (In dieser Hinsicht kein Vorwurf, ich hatte und habe bei derartigen Veranstaltungen keineswegs das Bedürfnis, mich der Klugscheißerei wildfremder Menschen auszusetzen!)
Sobald wir uns für das „mittelschwere" Labyrinth entschieden und dasselbe geschlossen betreten hatten, ging das Theater erst richtig los. Ich versuche mich kurz zu fassen. Huck-Jerome und Frederik-Luca versuchten sich bereits am Ende der allerersten Sackgasse abzuseilen, wo wir doch zuhause glasklar und unverbrüchlich beschlossen hatten, die Familie müsse auf jeden Fall vom Anfang bis zum Ende zusammenbleiben. Huck-Jerome und Frederik-Luca meinten allerdings, wir, die restlichen Familienmitglieder, seien allesamt „Lahmärsche" und „Blindfische", und wenn wir so weitermachten, hätten wir in hundert Jahren keine Chance auf den Tagesrekord und das damit verbundene Preisgeld von 300 Euro – und damit ginge dann auch die neue „Play Station 360-X-64-II" flöten. Das ist auch so ein Punkt, der mich zur Weißglut bringt, je mehr ich darüber sinniere. Muss denn in unserer ohnehin wettbewerbsgesättigten Zeit ein an und für sich sinn- und zweckfreies FreiZeit(sic!)-Angebot wie das

Ihrige unbedingt mit einem gnadenlos gewinnorientierten Prinzip wie dem eines hochdotierten Wettbewerbes kombiniert werden? Selbstverständlich hatten vor allem wir Jungs damals auch einen gewissen Ehrgeiz, möglichst schnell durch die Labyrinthe hindurchzufinden, aber wären wir je im Leben auf die Idee gekommen, außer der Ehre und dem Ruhm einen GELDgewinn zu beanspruchen?
Nun, ich versuchte, meine zwei Ältesten mit eben jenen Gedanken und Reminiszenzen zur Räson zu bringen – da waren sie auch schon um eine der – unzähligen – nächsten Ecken verschwunden. Da waren wir also nur noch zu siebt. Stellen Sie bitte unbedingt zusätzliches Reinigungspersonal ein! Dominik-Sören stolperte (und das an seinem Geburtstag!) über eine Konservenbüchse und schürfte sich die Knie auf. Überhaupt, verbieten Sie den Verzehr von mitgebrachtem Dosenfisch! Zwar hatten auch meine Frau und ich beschlossen, einige Tüten Vesperbrot mitzuführen, aber immerhin beschränkten wir uns bei der Wahl der Brotbeläge auf geruchsneutrale Käsevarianten. Dann blieb meine Frau mit ihrer Bluse an einer der Hecken hängen – nachdem wir von einer Horde Jugendlicher über den Haufen gerannt beziehungsweise an den Rand gedrängt worden waren. Sie ahnen vielleicht, wie zornig ich schon jetzt war. Plötzlich musste Paul-Jakob-Eberhard auf die Toilette – groß wohlbemerkt – und beinahe gleichzeitig trafen unsere Mädels auf zwei Jungs aus Jacquelines Klasse, die ZIGARETTEN RAUCHTEN!!! und meinten, sie hätten hier im Labyrinth einen – ich zitiere – „mega-chilligen" Platz gefunden. Die daraus resultierenden Autonomiebestrebungen seitens unserer 13- bis 17-jährigen Mädels lösten bei mir und meiner Frau nicht gerade Freudensprünge aus. Ich gab meiner Frau ein geheimes Zeichen, woraufhin sie sich anschickte, ein unanfechtbares Machtwort zu sprechen...
Sie wissen ja gar nicht, wie viele Ecken und Abzweigungen es in Ihrem „mittelschweren" Irrgarten gibt, hinter denen

sich pubertierende Chantals und Jacquelines binnen Sekundenbruchteilen absetzen können. Jennifer wollte natürlich genauso mit, verlief sich aber und verlor ihre Schwestern aus den Augen. Jetzt waren wir es, die den Lärmpegel in die Höhe trieben. Jennifer rief nach ihren Schwestern, die riefen, mit Unterstützung der beiden rauchenden Jungs, zurück, aber so sehr sie sich anstrengten, sie fanden nicht mehr zueinander. Schließlich musste ich – nur durch eine einzige Hecke getrennt – mit anhören, wie einer der Jungs dem anderen erklärte, man solle die Jennifer doch beim Teufel lassen, mit der sei doch „eh nichts anzufangen", sie sei „ja erst dreizehn". Sie können sich keine Vorstellung davon machen, wie sehr ich mir in diesem Augenblick wünschte, in Ihren Irrgärten würden Schwerter, Spieße oder sonstige Stabwaffen zum Verleih angeboten!

Nun waren wir nur noch zu viert. Meine Frau, ich, Dominik-Sören (der sich seinen Geburtstag sicherlich auch anders vorgestellt hatte) und Paul-Jakob-Eberhard, der nach wie vor aufs Klo musste. Als wir statt zum Ausgang (den wir zu diesem frühen Zeitpunkt allerdings nicht ernstlich schon erwarteten) wieder mal ans Ende einer Sackgasse gerieten, in der wir uns allein auf weiter Flur befanden, sagte meine Frau zu Paul-Jakob-Eberhard, er solle doch seine Notdurft auf die Schnelle hier in diesem Winkel verrichten, schließlich sei man in der freien Natur. Kurz und knapp, der Kackhaufen, den Sie (bzw. Ihr Personal, nehme ich an) gefunden hätten – hätte jener Nachmittag nicht einen tragischen Verlauf genommen – wäre von uns (von P.J.E.) gewesen, soviel sei zugegeben.

Ich muss mich wirklich sehr zusammenreißen, um den Umfang dieses Schreibens nicht ins Romanhafte auszudehnen, möchte aber kurz, zumindest stichwortartig, einige weitere Mängel an Ihrem (mittelschweren) Irrgarten aufzählen:

Zu hoher Schwierigkeitsgrad / Mangelndes Servicepersonal im Garten / Mangelnde Hygiene / Überhöhte Lautstärke

bzw. fehlende Schalldämpfung / Unauffindbare bzw. keine Toiletten / Belästigung durch verpeilte Navigations-Nerds / Keine Bierverkaufsstellen, etc.
Um ans Ende meines Berichts zu kommen: wir fanden den Ausgang erst kurz vor Ende der Öffnungszeit. Ich glaube sogar, wir (also wir vier, die wir übrig geblieben waren) waren tatsächlich die allerletzten, die den Garten verließen. Gott sei Dank gerade noch rechzeitig vor dem Ausbruch des „gigantischen Feuers", das, wie ich am Morgen nach dem 28. August einem Zeitungsbericht entnehmen durfte, Ihren „mittelschweren" Irrgarten komplett in Schutt und Asche legte. Wenn ich allerdings bedenke, dass selbst mein sechsjähriger Sohn Dominik-Sören ohne Probleme ein Feuerzeug in Ihre Anlagen hineinschmuggeln konnte, verwundert mich das Eintreffen einer solchen Katastrophe nicht sonderlich. Selbstverständlich bedaure ich Sie und Ihren Betrieb um den entstandenen wirtschaftlichen Schaden von geschätzten 1,2 Millionen Euro, aber wenn ich bedenke, dass mein Sohn Dominik-Sören der Letzte war, der Ihren „mittelschweren" Irrgarten noch in natura sah, dann läuft es mir schon eiskalt den Rücken herunter! Dominik-Sören war nämlich, auf eigenen Wunsch hin, noch einmal ein wenig in den Garten zurückgegangen, als wir gegen 19 Uhr endlich den Ausgang fanden, wo wir vom Rest der Familie bereits sehnsüchtigst erwartet wurden. Huck-Jerome und Frederik-Luca wedelten, sehr zu meinem Erstaunen, tatsächlich mit einigen wertvollen Banknoten herum, der Nachmittag hatte sich also im Großen und Ganzen doch mehr als gelohnt. (Wie die beiden Scheißer das nun wieder hingekriegt hatten, ohne eigene Navis oder Walkie-Talkies, entzieht sich meiner Kenntnis, ich kann es nicht sagen, weiß es nicht und möchte es – um ehrlich zu sein – auch gar nicht wissen.) Chantal war jetzt offenbar mit einem der Jungen aus Jacquelines Klasse zusammen, ein Sachverhalt, der mich sicherlich noch einige Zeit beschäftigt und aufgeregt hätte, hätten wir nicht kurz darauf die Rauch-

säule und den in unsere Arme spurtenden Dominik-Sören erblickt. Dominik-Sören rief uns entgegen, ein Alien verfolge und beschieße ihn mit einer Laserkanone. Das arme Kind war völlig durchgedreht von dem vielen Stress und dem ewigen Hin und Her – wollen wir es ihm nachsehen! Immerhin kamen wir durch das Feuer doch noch um den Eisstand herum, der nun dank der 300 Euro wiederum das kleinste Problem gewesen wäre. Meine Frau und ich beratschlagten via Kopfnickcode, den Park sofort zu verlassen – die Aussicht, den 19:12er-Zug noch zu erwischen, war zu verlockend. Laut unzähliger Zeitungsberichte hatten und haben Sie ja ohnehin genügend Zeugen, die keine entscheidenden Hinweise geben können – mit uns verhält es sich da kein Stückchen anders.

Ich hoffe, dieser Bericht hilft, Ihren Labyrinthpark (oder was davon übrig blieb) ein klein wenig auf Vordermann zu bringen. Ich wünsche Ihnen vollends einen schönen, erholsamen Sommer und viel Kraft und Geduld mit der Versicherungsgesellschaft, die, wie ich gestern im Stadtanzeiger las, keinen einzigen Cent bezahlen will.

Hochachtungsvoll
gez.
Anonym

Franziska Röchter

Brief einer Mutter

Sehr geehrter Herr Schinkenroh,

weil Pfingsten vorbei ist, falle ich auch schon gleich mit der Tür ins Haus: mein Mann und ich kommen schon lange zu dem Schluss, dass sich unser Sohn für unsere Verhältnisse zu lange in Ihrem selbigen aufhält. Bislang haben wir uns mit unserer Meinung sehr zurückgehalten. Wir glauben nicht, dass es der Entwicklung normaler Jugendlicher zuträglich ist, wenn diese über Tage und Nächte ununterbrochen zusammenhocken. Wir haben etwas dagegen, wenn unser Sohn nur noch zum Duschen und Taschengeldabholen nach Hause kommt und hier bei uns keinerlei Tätigkeiten verrichtet, während er bei Ihnen das Pflegekind betreut und Ihnen beim Rasenschneiden und Einkaufen hilft. Da er dann meistens über mehrere Tage nicht erreichbar ist und die wenige Zeit, die er mit seinen siebzehndreiviertel Jahren noch hier verbringt, mit Schulschwänzen und Schlafen ausfüllt, weil er sich vom anstrengenden Wochenende mit ihrer launigen Tochter erholen muss, besteht dringend Handlungsbedarf.

Wir glauben, dass es unserem derartig ‚gefesselten' Sohn besser bekäme, wenn er etwas mehr Freiraum hätte. Wer will schon vom Regen in die Traufe kommen? Bitte teilen Sie Ihrer Tochter mit, dass wir absolut nichts dagegen hätten, ja es sogar begrüßen würden, wenn sie - zum Beispiel während ihres Silvesterausfluges nach Norwegen mit seinem besten Freund − sich denselben mal derbe zur Brust nehmen würde, dann müsste unser Sohn nicht immer herhalten. Sie wird es früher oder später sowieso tun.

Den Gipfel, Herr Schinkenroh, bildet der Umstand, dass unser Sohn seine eigene Familie nicht zu seiner Geburtstagsfeier einladen darf, die Ihr Abkömmling zusammen mit unserem Sohn auszurichten gedenkt. Aus zuverlässiger Quelle erfuhren wir, dass Ihre gesamte Familie samt Großmutter und Pflegehund teilnehmen darf und unser Sohn die entstehenden Unkosten unter Zuhilfenahme seines mühsam durch Nachhilfe und Aussparung des Mensaessens verdienten Ersparten begleichen soll. Bis vor kurzem hielten wir solcherlei Vorfälle für die Ausnahme in dieser merkwürdigen Beziehung, mittlerweile scheinen sie aber die Regel zu sein. Wir haben unserem Sohn gesagt, nur, weil er mal wissen möchte, wie frisch gemolkene Milch schmeckt, muss er doch nicht gleich eine ganze Kuh kaufen. Ihre Tochter mit ihren einschlägigen Erfahrungen – befragen Sie mal die Klassenkameraden des London-Kurses – findet doch schnell ein neues Opfer.

Herr Schinkenroh, wir fordern Sie zur umgehenden Herausgabe unseres Sohnes auf! Ansonsten sehen wir uns genötigt, Ihnen eine Anzeige wegen Freiheitsberaubung zukommen zu lassen. Da Ihre übergewichtige Gattin diese Verkupplung aus eigenen niederen Motiven aktiv unterstützt, nur um ihre frisch erworbenen und teuer erkauften populärwissenschaftlichen Kenntnisse in Neurolinguistischer Programmierung zur Anwendung zu bringen, wenden wir uns nun an Sie. Nur ungern würden wir in unseren Überzeugungen eine Ausnahme machen und die sich auf einem in der Waschmaschine gefundenen USB-Stick befindenden Web-Cam-Aufzeichnungen auf YouTube stellen. Obwohl auch hier nur die Regel bestätigt werden würde: gehen Sie mal auf www.youtube.com/watch?misstiffany.com.

Herr Schinkenroh, von der geguttembergten Facharbeit Ihrer Tochter, die zufällig den gleichen Titel trägt wie die Facharbeit, die unser Sohn letztes Jahr angefertigt hat, reden wir schon gar nicht, selbst wenn Ihre Tochter mit dem kompositorischen Know How unseres Sohnes eine noch bessere Note als er selbst letztes Jahr erzielt hat, und er hatte schon eine 1 plus. Das kann nur am Dekolleté liegen. Aber dass Ihre Frau uns nun auch noch das Jugendamt auf den Hals hetzen musste, weil unsere 11jährige Tochter ständig die angebrochenen Weinflaschen leert, und das nur, weil unser Sohn mit seinen siebzehn Jahren den prä-nymphomanischen Forderungen Ihrer Tochter noch nicht ganz standhalten kann, ist gelinde gesagt schon eine Sauerei. Da verstehe ich auch die via Facebook getätigte Aussage Ihrer Gattin nicht mehr so ganz: „Sie tuen sich doch so gut!" Bestimmt hat sie die Ersteigerungsaktion mit der Zwangsjacke komplett missverstanden. Unser sich mittlerweile in einem desolaten Ernährungszustand befindender Sohn wirkt seit geraumer Zeit sehr ausgezehrt. Die bewusst herbeigeführten Cannabis-Erfahrungen im einvernehmlichen Dreiklang unter Ihrem Dach scheinen ihm nicht zu bekommen. Wie sieht es denn überhaupt mit den Gelüsten Ihrer Gattin aus? Kommen Sie da eigentlich selbst noch nach?

Dass unser Sohn diesen Sommer nun auch kein Studium mehr aufnehmen will, obwohl ihm sämtliche Musikakademien Deutschlands UND Hollands offen stehen, ausschließlich damit Ihre Tochter ihn für ihr letztes Schuljahr bei der Stange halten kann, ist aber der eigentliche Skandal! Und mit den permanenten Selbstmorddrohungen seiner Depri-Perle sprich Ihrer hauseigenen Schlampe ist er auch überfordert. Es reicht schon, wenn sie ihn Nacht für Nacht per Handy-Standleitung vom Schlaf abhält. Falls er überhaupt mal hier ist.

Herr Schinkenroh, wenn Sie nicht unverzüglich unseren

Sohn nach Hause schicken, werden wir ihn selbst befreien. Mein Mann hat gestern seinen Waffenschein gemacht!

Beste Grüße, auch an Ihren Haussklaven, falls er sich überhaupt noch an uns erinnert,

Familie Esel

Michel Pauwels

Ein kleines Plädoyer für Unordnung
(Bühnentext)

Wenn Dichter beim Fabulieren stolzieren, Flatulenzen kredenzen, Sentenzen ergänzen und letztlich gänzlich in Lenzen schwänzen, dann wird ein undichter Dichter schnell zum Richter.

Ich will das nicht, darum halte ich dieses Gedicht lieber schlicht. Was ich, wie jeder Mann, auf den Tod nicht ausstehen kann, ist, wenn meine Klotten verschwinden! Denn das ist Mist!

Und bei mir liegt es nicht daran, dass ich keine Ordnung halten kann, sondern an dem Putzwahn meiner Geliebten. Außerdem, wenn Pullover und Socken fabelhaft auf dem Boden herumfliegen, kann das nur an folgendem Grund liegen: Der Schwerkraft.

Okay, ich geb's zu, auch ich hab das Aufräumen einmal probiert, aber es hat mit uns beiden nicht funktioniert, denn ich nutzte die gleiche deduktive Methode wie alle Detektive. Recherchieren, analysieren und letztlich nix mehr kapieren. Was ich da aber lernte, war, wer sich als Erster regt, verliert zu Recht, und Beweismittel bewegt man nicht. Unser Heim wär kein Beweis, sondern ein Kronzeugnis dafür, dass Nichtaufräumen funktioniert, aber da meine Perle ganz ungeniert den Wischmopp schwingt, bevor alles, wie sie sagt, im Chaos versinkt, ist meine Arbeit zerstört und das berauschende Lebensgefühl ebenfalls fort.

Bringen wir es auf den Punkt:
Aufräumen stinkt,
so gut wie Justin Bieber singt.

Und von der Energieverschwendung, die wir Kerle dort sehen, wollen wir gar nicht erst reden. Aber ich als Mann will Energie sparen, Ressourcen bündeln, eben eine richtige Lösung finden. Weniger aufräumen, weniger bewegen. Das ist Optimierung vom Feinsten. Pflicht und Kür, Großunternehmen zahlen Spitzenlöhne dafür, aber wir Männer machen das für lau, für jede Frau. Hinzu kommt, dass wir so viel Zeit gewinnen, die wir sinnvoll nutzen können, zum Beispiel mit Computerspielen. Und dann zurückgezogen wie die drei Affen leben. Nichts hören, nichts sehen und nicht mit der Liebsten reden, denn jeder Mann weiß instinktiv, sag was Falsches und es geht schief.

So bleibt Teamspeak die einzige Strategie, um mit Worten zu gewinnen und vielleicht fürs andere Leben da draußen doch noch ein, zwei Sätze zu finden. Aber es geht ja nicht nur ums Reden, sondern auch ums Fragen, und da - wissen mein Freund Ulf und ich - ist die sokratische Methode „the best", und für die, die kein Englisch verstehen, besser als der Rest, denn Sokrates stellte fest: „Wenn sich treffende Fragen selbst durch fast entschwundene Hirnwindungen winden, kann auch das größte Opfer die richtige Antwort finden." Und wir Männer konnten im Dienste der Evolution, ich bin sicher ihr erratet es schon, diese Methode so perfektionieren, dass eine einzige Frage ausreicht, um jede Frau zu illuminieren:

„Wo ist mein Bier?" Diese eine Frage klärt alles und jede Frau weiß, das Wichtigste ist ihr entfallen, nämlich ihrem Alten eine zu knallen. Manch eine Frau ist aber auch diplomatischer, da entstehen dann Angebote wie dieses hier:

„Räum deinen Dreck weg,
dann erfährst du,
wo ich dein Bier versteck."

Das geht aber nicht, das Aufräumen, und es wird nie gehen, und das ist keine schlichte Weigerung, nein, der Grund ist ein anderer: Es liegt an den Genen!

Genau so wie bei jeder Frau. Denn selbst bei ihr liegt jedes Problem und Extrem, da diese sich wie wir gemeinsam um den Kleinhorizont des Aufräumens drehen, auch an den Genen, vor allem am Shoppen*gehen*. Denn ohne dies banale Bummeln und Schreiten, Prüfen und Kämpfen, Besorgen, Erstehen, Vergehen und Einkaufen würd' es zu Hause ja nix zum Aufräumen geben. Bei uns ist die Ursache die Gleiche: **Gene!**

Denn schon beim Jagen in der Steinzeit konnte man sich gut verirren, da half nur eins, nicht die Orientierung verlieren. Sonst hatte man die Gewähr, dass jeder mehr oder weniger, eher aber früher als später, vom Jäger und Täter zum Futter degenerierte, weil ein Mann sich ohne Chaos eben nicht orientieren kann. Diese Prägung der Gene steckt heut noch in uns drin, da komm wir nicht heraus, aus die Maus. Und komm als moderner Jäger mal ohne romantisches Bio-light Futter fürs Candle-Light-Dinner nach Haus, dann sieht's mit Vögeln auch Essig aus.

Gut, wenn wir heute jagen, müssen wir uns nur durch den Supermarkt fragen, aber wir würden doch nie unterwegs die stolzen Bäume abholzen, weil die unordentlich wachsen, oder Regale umstellen, weil Nudeln so gar nicht zu Schnecken- und Muschel-Spezialitäten passen wollen. Igitt, igitt! Ich weiß, ich spalte hier Haare, aber ich weiß wohl, was passiert, wenn ein Kerl die Orientierung verliert.

Wegen Ulf, da half kein
Bitten und kein Flehen,
er wollte sich für seine
Liebste verändern,
wachsen,
sogar duschen,
konnte sich aber nicht mehr orientieren,
fing an, die Kontrolle zu verlieren,
fand den Weg nicht zurück und landete gestern
bei einer anderen im Bett.
Das kommt davon, wenn Mann
ordentlich wird, aber
zum Glück hat er dadurch
meine Liebste inspiriert.
Wisst ihr, was die jetzt sagt und denkt?
Dasselbe wie ich, wenn ich mein:

Unordnung muss sein!

Danke!

Jan-Eike Hornauer

Trauerrede zum Tode Ludwig H. Rinnsteins

Verehrte Trauergemeinde, liebe Angehörige,

Ludwig H. Rinnstein war ein besonderer Mensch. Als 30-jähriger Metzgergeselle erblickte er das Licht der Welt. Das war ein großes Unglück. Und das nicht etwa, weil er ein Spätgeborener war und so einen beträchtlichen Teil seines Lebens im Mutterleib zugebracht hatte – das wäre gar nicht so schlimm gewesen, denn seine Gesundheit darf als robust bezeichnet werden, er hätte leicht hundert werden können und hätte also noch etwa siebzig Jahre beste Lebenszeit in Freiheit gehabt –, das Unglück war vielmehr, dass er sich rückwärts entwickelte, was seine Lebenszeit freilich viel stärker und klarer beschränkte und sie zunehmend wertlos erscheinen ließ.

Waren seine ersten Lebensjahre noch geprägt von privatem und beruflichem Wohlergehen, begann mit dem deutlichen Versiegen des Bartwuchses Ludwig H. Rinnsteins schwere Zeit: Einen Tag nach seinem, biologisch gesehen, achtzehnten Geburtstag, also im Alter von dreizehn Jahren, musste er seinen Führerschein abgeben. Durch diesen Akt ward er gleichsam endgültig aus dem Kreis der Erwachsenen verstoßen. Das erschütterte ihn zutiefst, und er beklagte es ausführlich.

Nicht viel später verließ ihn seine Lebensgefährtin Anja G. Liplohs. Sie war einst fünfzehn Jahre jünger als er gewesen, nun aber, mit zweiunddreißig, zählte sie bereits nahezu das Doppelte seiner Lenze und empfand diesen Altersunterschied als zu groß. Ihr Weggehen stürzte Ludwig H. Rinn-

stein in eine ausführliche Lebenskrise. Ablenkung und Halt gab ihm hier, wie stets in schwierigen Situationen, vor allem seine Arbeit, die er, der mehrmalige Landesmeister, wahrlich virtuos beherrschte.
Kurz darauf wurde ihm sein Gesellenstatus aberkannt. Sein Alter war für diese Stellung zu gering geworden. Mit leichten Aushilfstätigkeiten – mehr gestattete der Gesetzgeber nicht – erwarb er sich fortan ein bescheidenes Einkommen. Für eine eigene Unterkunft reichte dies freilich nicht aus. Ludwig H. Rinnstein musste, erstmals in seinem Leben, bei seinen Eltern Unterschlupf finden, was er als große Demütigung betrachtete.
Die Schule besuchte er nie. Mit dem Abschluss zu beginnen, wurde ihm von den Behörden verwehrt. Und als er dreiundzwanzig Jahre gelebt hatte, also geistig und körperlich einem Siebenjährigen entsprach, war es zwar an der Zeit für die Einschulung, zugleich für diese aber auch zu spät. Auf Letzterem beharrte der zuständige Amtsmann. Damit ihr Sohn diesen so bedeutsamen Lebensabschnitt ‚Schulzeit' nicht gänzlich verpasste, engagierten die Eltern Harvey F. Rinnstein und Johanna Fröhlich, geborene Rinnstein, einen Privatlehrer, der aber bereits nach wenigen Monaten von einem Kindermädchen abgelöst werden sollte und schließlich von einer Hebamme.
Letztere empfand die Mutter Johanna Fröhlich stets als Affront, hatte sie doch selber über genug Milch verfügt, um zwei oder drei Kinder zu stillen. Doch das war lange her, und damals hatte ihr Sohn Bier bevorzugt, und nun, da er ihre Milch so dringend benötigte, hatte sie keine mehr für ihn, und die alte, aufbewahrte von damals war längst schlecht. Johanna Fröhlich konnte also nicht selbst für ihren Sohn sorgen. Das riss sie in wilde Selbstzweifel, die schließlich zu ihrem Tode führten. Wolfram B. Martens, ihr dritter Gatte, fand sie zwischen Schweinehälften aufgehängt. Sie war an dem Ort gestorben, der für sie das

Glück symbolisierte, an dem Platz, der für Ludwig H. Rinnstein stets Lebenssinn und Ruhm bereitgehalten hatte.

Ludwig H. Rinnstein bekam all dies nicht mehr mit. Nichtsdestotrotz litt er daran: Eine Rückkehr in den Mutterleib war nun ganz unmöglich geworden. Eine Simulation mit leicht erwärmten Schweinehälften konnte ihn nicht überlisten. Sein so klar vorgezeichnetes Lebensziel war unerreichbar. Er erkannte dies instinktiv, gab auf und starb.

Ludwig H. Rinnstein war ein besonderer Mensch, und er hatte ein wahrlich besonderes Leben. Möge er in Frieden ruhen.

Günter Specht, dichter krankgeschrieben

Sandra Niermeyer

Meine Mutter, die Schriftstellerin

Mutter schreibt. Diesen Satz hörte ich in meiner Kindheit häufiger als jeden anderen Satz.
Entweder äußerte mein Vater ihn, oder mein kleiner Bruder. Sogar ich sagte ihn manchmal.
Unsere Mutter schrieb, wo sie saß und stand. Auch auf die Toilette nahm sie einen Block mit, und ins Treppenhaus.
Ich kann mich nicht erinnern, von meiner Mutter ein einziges Mal angesehen worden zu sein. Immer war ihr Blick auf ein Papier gerichtet, oder er schweifte sinnierend in die Ferne, wenn sie sich neue Sätze für ihren Roman ausdachte.
Dass sie an einem Roman schrieb, vermuteten wir alle, obwohl sie nie darüber sprach. Über Dinge zu reden, bevor man sie aufgeschrieben hat, tötet sie, sagte unsere Mutter.
Ein Jahrhundertroman würde es werden, dessen waren wir uns sicher.
Wir liefen flüsternd durchs Haus, um unsere Mutter nicht zu stören. Sie hatte kein Zimmer für sich allein, wie Virginia Woolf es forderte, sie schrieb in der Küche, im Bad, im Keller. Wir mussten überall leise sein. Immer hielt sie eine schützende Hand über das Geschriebene, damit wir ihre Sätze nicht zu früh ans Licht zerrten. Sie schrieb mit einem teuer aussehenden Füllfederhalter auf weiße, unlinierte Blätter, die die Qualität von Briefpapier hatten.
Wo sie die fertig geschriebenen Seiten lagerte, wussten wir nicht, sie hatte keinen Schreibtisch und keinen eigenen Schrank, trotzdem fanden wir nie eins der Blätter.
Wenn mein Bruder und ich hungrig von der Schule nach Hause kamen, stand auf dem Küchentisch eine Kaltschale

mit Erdbeer- oder Kirschgeschmack. Unsere Mutter hatte keine Zeit zum Kochen gehabt. Wir löffelten lustlos die kalte Fruchtsuppe und gingen dann in die Pommesbude nebenan, in die wir fast unser ganzes Taschengeld trugen. Mein Bruder und ich hatten schon lange vor der Pubertät Pickel, von dem vielen Frittierfett, das wir täglich aßen.

In der Grundschule nahm mich einmal eine Lehrerin beiseite und fragte mich, warum ich schon seit vierzehn Tagen denselben Pullover trüge, ob meine Mutter krank sei. Ich verneinte und legte mir zu Hause drei Pullover zurecht, die ich immer im Wechsel anzog. Abends legte ich den getragenen unter die beiden anderen, um nicht durcheinander zu kommen.

Mein Bruder fiel einmal die Treppe hinunter und riss sich dabei das rechte Ohr halb ab. Weil meine Mutter keine Zeit hatte, ihn in die Klinik zu fahren – stör mich nicht, ich schreibe, sagte sie, als er schreiend zu ihr ins Wohnzimmer gelaufen kam – hat er nun ein schiefes Ohr.

Irgendwann wird sie berühmt, sagten wir abends im Bett. Mein Bruder kroch oft zu mir unter die Decke, weil sein Gitterbett mittlerweile zu klein für ihn war, aber noch niemand das bemerkt hatte.

Irgendwann wird sie berühmt, flüsterten wir in der Dunkelheit, und dann sind wir die reichen Kinder einer erfolgreichen Romanschriftstellerin. Sie wird uns mit auf Lesereise nehmen, weil ihre Leser die Kinder, von denen ihr Buch handelt, im Original sehen wollen.

Denn dass sie nur über uns schreiben konnte, darüber waren wir uns einig.

Sie hatte eine gebrauchte Kopiermaschine gekauft, um irgendwann Abzüge für Verlage machen zu können. Solange sie das Gerät nicht benutzte, kopierten mein Bruder und ich unsere Hände und Füße darauf, und einmal unsere Pobacken.

Manchmal kam unsere Oma vorbei und entfernte ein paar

Spinnweben aus den Ecken oder schnitt meinem Bruder den Pony, damit er wieder etwas sehen konnte.
Ich verstehe nicht, warum euer Vater das erlaubt, sagte sie. Wenn ich früher solche Flausen im Kopf gehabt hätte wie eure Mutter – die hätte mir euer Opa schon ausgetrieben.
Aber unser Vater war ein sehr moderner Vater. Er war der Meinung, die künstlerischen Ambitionen einer Frau sollte man genauso ernst nehmen wie die eines Mannes, und er war es auch, der den Satz „Mutter schreibt" am häufigsten äußerte, meistens mit einem Finger auf den Lippen und einem warnenden Gesichtsausdruck. Wir verhielten uns dann besonders leise und schlichen auf Zehenspitzen durch die Wohnung.
Wenn die Nachbarn fragten, wann kommt der Roman denn nun endlich heraus, sagte unser Vater: ein so anspruchsvolles Projekt braucht Zeit und Geduld. Es muss reifen und wachsen.
Zu Weihnachten schenkten wir unserer Mutter einen Rahmen, in den wir eine selbstgebastelte Urkunde gesteckt hatten. „Nobelpreis" stand darauf. Sie lächelte und schob den Rahmen unter einen Sessel, wo er ein paar Monate später von einer Sesselrolle zerdrückt wurde.
Mein Bruder entwickelte einen Sprachfehler. Er konnte kein K und kein G mehr sprechen, sondern sagte stattdessen T und D. Wenn er in den Keller gehen wollte, sagte er: ich gehe in den Teller. Weil niemand mit ihm zum Logopäden ging, spricht er heute noch so. Er arbeitet inzwischen beim Jugendamt und steht zu seinem Sprachfehler.
Mutter schrieb noch lange, nachdem wir beide ausgezogen waren. Wenn wir sie besuchten, sah sie nicht von ihrem Block auf. Sie schrieb wie eine Besessene, als hätte sie nicht mehr viel Zeit. Ihre Hand mit dem Stift glitt in atemberaubender Geschwindigkeit über das Papier. Kommst du voran, fragten wir manchmal. Sie nickte geistesabwesend. Meistens merkte sie nicht einmal, wenn wir wieder gingen.

Wir unterhielten uns im Treppenhaus. Sie ist eine echte Künstlerin, sagten wir, sie lebt und stirbt für die Kunst.
Kurze Zeit darauf starb sie tatsächlich. Eines Morgens lag sie tot im Flur. Der Arzt stellte einen Gehirnschlag fest. Unser Vater beorderte uns zu sich und sagte in der Küche feierlich: Wir schulden es unserer Mutter und Ehefrau, gute Nachlassverwalter zu sein.
Er hatte die Adressen einiger Verlage herausgesucht, an die wir das Manuskript schicken wollten. Wir suchten in der ganzen Wohnung nach den Blättern und fanden sie nach mehreren Stunden schließlich unter ihrer Matratze. Darum lag sie immer soviel höher als ich, murmelte unser Vater.
Merkwürdigerweise waren dort nicht die Originale ihrer geschriebenen Seiten, sondern Kopien. Hunderte von Blättern, die sie mit ihrer kleinen Handschrift gefüllt hatte. Die Seiten waren nummeriert und datiert, und sie begannen alle mit einer Anrede.
Ein Briefroman, dachten wir. Unsere Mutter belebt die alte Form des Briefromans neu.
Unser Vater las feierlich die ersten Seiten des Papierbergs vor. Je länger er las, desto leiser las er.
Wir wurden auf unseren Stühlen immer kleiner. Es war nicht so, dass es schlecht war, was unsere Mutter geschrieben hatte, ganz im Gegenteil, es war sehr gut. Lebendig und anschaulich beschrieben, sie hatte eine sehr bildhafte Sprache. Aber je länger unser Vater las, desto klarer wurde, es handelte sich nicht um einen Briefroman, sondern diese Briefe waren an einen tatsächlichen Empfänger gerichtet.
Mutter hatte ein Patenkind in Nicaragua gehabt, das sie finanziell unterstützt und dem sie all die Jahre Briefe geschrieben hatte. Tosa hieß das Mädchen.
In einem Ordner lagen mehrere Fotos von Tosa. Tosa mit einem weißen Kleid und einer Tolle auf dem Kopf als Zweijährige - das Alter, in dem unsere Mutter die Patenschaft übernommen hatte -, Tosa bei ihrer Einschulung mit einem

Foto von unserer Mutter in der Hand, Tosa als Studentin mit Kostüm und stolzem Blick, Tosa mit Doktorhut.

Unsere Mutter hatte ihr vom Leben in Deutschland geschrieben, hatte Erlebnisse aus ihrer eigenen Kindheit bis ins letzte Detail geschildert, hatte sich nach Tosas Leben erkundigt, immer wieder gefragt, wie sie in der Schule zurecht kam, ob das Geld reiche (sie hatte den monatlichen Beitrag mehrmals erhöht), was sie werden wolle, wie die Leute in ihrem Dorf seien, ob sie genug zum Anziehen hätte. Als Tosa älter wurde, hatte unsere Mutter Kochrezepte mit ihr ausgetauscht, und noch später hatten die beiden sich über Liebesglück und Liebesleid eines jungen Mädchens unterhalten.

Unsere Mutter schrieb einmal knapp in einem Nebensatz, dass sie verheiratet sei.

Uns, meinen Bruder und mich, erwähnte sie mit keinem Wort.

Anke Knopp

Nach Hause

Feierabend. Ich fahre nach Hause
durch den Tunnel, Hauptverkehrsstraße
ziemlich schnell
schaue in den Rückspiegel
hinter mir ein Auto mit polnischem Kennzeichen
kann ich gerade noch erkennen
der Pole fährt sehr nah auf
neben ihm sitzt ein Beifahrer
merkwürdige Körperhaltung
er ist auf dem Sitz nach hinten geklappt
leblos, widerstrebt jeder Fahrbewegung

Zeit nach vorne zu schauen
dann muss ich bremsen
abrupt
mein polnischer Hintermann auch
ich komme zum Stehen
der hinter mir nicht – es kracht
ziemlich laut
er ist mir auf die Karre gefahren
Stille, Staub

ich steige aus, mein Nacken schmerzt
Energie hängt in der Luft
mein Hintermann springt raus
er ist Mitte 50 und ganz grau
leichenblass um die Nase
Ist Ihnen was passiert?

Ich frage ihn Gleiches
auf der Rückbank seines Wagens entsteht Bewegung
eine alte hutzelige Oma steigt aus
sie sagt nichts
streicht ihr Kopftuch glatt

der Dritte im Auto, der Mann vom Beifahrersitz
er regt sich nicht
Hallo?
keine Antwort, Schweigen
ich beuge mich ins Auto
der Fahrer setzt mir nach
nein, kein Problem, beeilt er sich...
der Beifahrer ganz starr und kalt
er ist schon tot! Der Alte
ich ziehe die Augenbrauen hoch
schaue mich fragend um

Das ist mein Vater, so der Fahrer
ist zu Besuch in Deutschland
gestern Abend gestorben
der Doktor war schon da
aber Vati wollte nach Hause
nach Polen
begraben sein in Heimat
die Überführung ist teuer
das Auto ist billiger

Ich nicke
wir hören Sirenen

jemand hatte 110 gewählt

wir blockieren die ganze Fahrbahn

Stau und Stillstand
ich muss mich setzen
ich will nach Hause
der beifahrende Großvater auch

*Ein Gefährt aus den Anfängen der Aktion
‚Worte auf Rädern'*

Günter Specht

Du bist jung
so lange Dich das Unrecht erregt…
mit den Jahren aber, wirst Du toleranter
und
†oleranter
†olerante
†olerant
†oleran
†olera
†oler
†ole
†ol
†o
†

Günter Specht, unrecht

V.

Bastelanleitung fürs Neue Weltentheater

Gerald Jatzek

Festrede

Nach hundert Jahren,
Genossen,
haben wir,
Genossen,
es geschafft,
Genossen,
zu wissen,
Genossen,
dass Don Carlo,
Genossen,
kein Mafioso ist,
Genossen,
wie man Lachsbrötchen isst,
Genossen,
ohne zu schmatzen,
Genossen,
und dass man in der Oper,
Genossen,
nicht Genossen sagt,
meine Herren.

Gerald Jatzek

Merkblatt für Germanisten:
Zur äußeren Form der schriftlichen Arbeiten

1) Die Arbeiten sollen maschinschriftlich abgefasst werden.
2) Die Blätter sind von links nach rechts zu beschreiben. Linkshänder sprechen beim Assistenten vor.
3) An den Seiten links ist ein 5 cm breiter Rand zu lassen. Er dient der Wissenschaft.
4) Die Seitenzählung wird am oberen Blattrand (Mitte) angebracht und beginnt mit 1.
5) Es wird empfohlen, beim Zitieren die üblichen Abkürzungen zu verwenden: Aufl. (Auflage), Bd. (Band), Bde. (Bände), f. (folgende), ff. (die folgenden), S. (Seite), KdHHA. (Küss die Hand Herr Assistent), DHO. (Danke Herr Ordinarius).
6) Wird im Text mehr als ein Satz eines Prosawerkes der Primärliteratur zitiert, so ist dieses Zitat deutlich vom übrigen Text abzusondern, um die Ansteckungsgefahr gering zu halten.
7) Anmerkungen werden entweder seiten- oder kapitelweise nummeriert. Die Entscheidung darüber wird dem Studenten überlassen.
8) Bezieht sich eine Anmerkung auf den ganzen Satz, so steht die sie bezeichnende Zahl am Satzende nach dem Interpunktionszeichen, bezieht sie sich nur auf einen Teil des Satzes, so steht sie unmittelbar nach diesem. Bezieht sie sich auf gar nichts, so steht sie ebendort.
9) Der Arbeit soll ein Titelblatt vorangehen, das folgende Angaben enthält:
*   Referent: (Zuname, Vorname, Adresse, Taufpate)
*   Titel des Seminars: z.B. Der Rheumatismus bei

Schiller - Wahnsinn oder Methode?
*   Thema der Arbeit: z.B. Die Unmöglichkeit einer Räuberexistenz ohne Daunenschlafsack.
10) Arbeiten in althochdeutscher und/oder westtibetanischer Sprache sind mit einem blauen Umschlag zu versehen. Sollte kein blauer Umschlag vorhanden sein, kann ein gelber Umschlag verwendet werden, auf dem links oben maschinschriftlich das Wort „blau" anzubringen ist.
11) Der Arbeit beizulegen ist eine Urheberrechts-Verzichtserklärung. Proseminare werden unter dem Namen der wissenschaftlichen Hilfskräfte, Seminare unter dem Namen der Assistenten und Dissertationen unter dem Namen des Professors veröffentlicht.
12) Der Arbeit selbst folgt ein Literaturverzeichnis, das umfasst:
a) benützte Literatur
b) nicht benützte Literatur.
13) Des Weiteren gilt, dass die alphabetische Reihenfolge einzuhalten ist, es gilt: i=j , ß=sz. Einsendeschluss ist der 31.12., der Gewinner erhält eine Audienz beim Ordinarius mit Abspielen der Germanistenhymne „Das Schreiben und das Lesen sind nie mein Fach gewesen".
14) In allen noch auftretenden Zweifelsfällen gelten die in Bangen, Georg: Die schriftliche Form germanistischer Arbeiten, Stuttgart^5 (Sammlung Metzler), angegebenen Richtlinien.

Gerald Jatzek

Diese geschliffene, radikale Prosa
Ein Baukasten für Verlagsankündigungen

Der überraschende / erstaunliche / sensationelle / Erstlingsroman * eines 25jährigen / einer hochgeschätzten Sachbuchautorin / eines bekannten Dramatikers * besticht durch seine Bilder / die Vielfalt seiner Themen / die Unbekümmertheit im Umgang mit literarischen Formen und trifft damit genau den Nerv der Zeit.
Mit unverwechselbarem Erzähltemperament / wahrhaft atemberaubenden Assoziationen verknüpft der/die Autor/in * die Lebensgeschichte / die Schicksale / die verschlungenen Wege von Frauen / Männergestalten, die bei aller Eigenwilligkeit eines gemeinsam haben: In einem entscheidenden Augenblick ihres Lebens fassen sie einen folgenschweren Entschluss.
Aberglaube und Weltoffenheit, Herrschsucht und Freiheitsliebe, ungezügelte Leidenschaft und warme Anteilnahme / kaltschnäuzigen Zynismus und stille Naivität, sexuelle Abhängigkeit und unausgesprochenes Verlangen, all diese Charaktereigenschaften [Nichtzutreffendes streichen] verteilt XY auf seine/ihre Protagonisten.
Ein Bilderbogen von Episoden / Eine grell beleuchtete Folge von Szenen, in denen Selbstzerstörung und die Lust an Gewalt den Kern bilden, rankt sich um die Biographien, die allesamt auf eine Katastrophe zusteuern. In diesem Mikrokosmos / Vexierspiel / Kaleidoskop / chaotischen Panorama spiegelt sich das wahre Gesicht / die Fratze der deutschen / österreichischen / schweizerischen / vergangenen DDR- / hässlichen / traurig-beklemmenden / kleinbürgerlichen / aus

den Fugen geratenen Wirklichkeit * wider.

Die klare / puristische / geschliffene / schockierend offene * aber dennoch phantasievolle / magische / mitunter ausschweifende / opulente / ungezügelte * und beklemmend bildhafte / scherenschnittartige / filmische Prosa * macht unter der Oberfläche / hinter der trügerischen Fassade / unter dem brüchigen Fundament * der alltäglichen Sicherheit / der scheinbaren Normalität * die Lust am Untergang / die Abgründe unserer Existenz / die grauenhaften Facetten der Wirklichkeit transparent. Hier ist nichts und niemand mehr heilig / werden die dunklen Wurzeln unserer Zivilisation ans Tageslicht gebracht.

Doch dieser Roman ist mehr als eine Abrechnung / eine Fiktion / eine Elegie / ein Dokument des Scheiterns / ein Bericht aus den Höllen der Gegenwart / ein artistisches Spiel / ein eindrucksvolles Zeitzeugnis / eine politisch brisante Satire / eine Kritik an der urbanen Kultur, in der sich Dekadenz, Ignoranz und Egozentrik so epidemieartig ausbreiten wie das Plastikgeld der Kreditbanken * er ist eine Rebellion! Und als solche stellt er die gesellschaftlichen Konventionen / die alltägliche Auffassung von der Wirklichkeit / unsere Sicht von Beziehungen / den Grundkonsens der Epoche / sämtliche Traditionen der Neuzeit radikal in Frage.

Dem/Der vielseitige/n / erstaunlich begabte/n / bekannte/n / vielfach ausgezeichnete/n Autor/in * ist damit eine Liebeserklärung an das Leben mit all seinen Schattenseiten / die moderne Version eines unsterblichen Mythos gelungen, die zugleich ein Stück Kulturgeschichte * unseres / dieses / des soundsovielten Jahrhunderts / der Nachkriegszeit / der Fünfzigerjahre mit allen ihren verklemmten Unaufgeklärtheiten ist.

Die Kritik ist einhellig der Meinung / der Auffassung * dass man XY aufgrund dieses Romans zu der / den ersten Adresse / führenden Köpfen / wesentlichen Vertretern der deutschsprachigen Gegenwartsliteratur zählen muss. Um mit der

Frankfurter Allgemeinen / der Neuen Zürcher Zeitung / der Süddeutschen Zeitung / der Weltwoche / der Zeit zu sprechen: „An die Stelle des Rosenkranzes ist die Kalorientabelle getreten."
Wenn das kein Wort ist!

(Grundlage: Prospekte der Verlage Arche, C.H. Beck, Deuticke, Droemer, Luchterhand, Nagel&Kimche, Piper, Reclam, Rowohlt, Suhrkamp, Zsolnay)

Sigrid Minrath

Crazy

Hoffentlich ist das Meeting bald vorüber – dieses uncoole Team outgesourcter Couch-Potatoes geht mir - auf deutsch gesagt - echt auf den Zeiger. Nicht zu toppen, diese Loser. Ich krieg voll die Krise, denn die vom Management wollen um's Verrecken keine neue Software einführen, dabei könnte man damit viel knackiger surfen und chatten, die Mails ganz easy checken und jede Datei viel schneller downloaden. Wenn sie's wenigstens mal andenken würden, ob es nicht doch Sinn machen würde, aber Sache ist wohl, dass sie hier vor Ort nicht investieren wollen. Nicht wirklich. Und die Pfeifen vom Marketing glauben, wir wären nur dann gut aufgestellt, wenn wir im Hinblick auf die Rentnerschwemme neben der Senioren-Residenz im City-Center Nord endlich einen Sarg-Discounter eröffnen. Super Idee, super Location! Die haben überhaupt kein Feeling dafür, was geht. Da muss man sich ja fremdschämen! Dabei liegt doch Anti-Aging voll im Trend: Beauty Center, Wellness, Fitness, Trips, Parties, relaxen, chillen – darauf sollte man den Focus legen! Da reicht natürlich nicht das pure Know-How; man braucht top Eye-Catcher und ein paar Highlights, gelegentlich ein besonderes Event und im Grunde ist man dann aber schon im grünen Bereich und kann die trockenen Tücher zurücklegen.
Endlich klare Ansage: Die Sales Managerin, diese coole Schnitte in dem geilen Outfit, beendet das Meeting, bittet nach zwei, drei Infos noch um ein kurzes Feedback zum geplanten Flyer und zum Timing und bedankt sich dann für den guten Job, den wir gemacht haben. Ein Statement noch zum geplanten Brunch am Freitag und der beauftragten Catering-Firma,

den georderten ofenfrischen Panini, den Drinks und den Antipasti – dann endlich Feierabend, bevor ich völlig gaga bin!

Durch die Vereinzelungsanlage verlasse ich das Bürogebäude, mein Hunger treibt mich zu Waldemars Grill-Corner, der Laden liegt fußläufig und die Burger sind ganz okay. Ich schlendere vorbei an Straßenbegleitgrün und freue mich auf mein Workout im Fitnesscenter: Hometrainer, Spinning, Body Pump, Power Plate und morgen früh: Nordic Walking im Park mit den neuesten Songs im MP3-Player. Später noch das Play-Off - Public Viewing in Gernots Pub. Darauf freue ich mich schon mega-lange. Das wird echt Hammer. Da vibriert mein Handy: auf dem Display Annas abgespeicherte Nummer. Sie erinnert mich daran, dass die Kids morgen bei Kevin eingeladen sind und ich mit ihnen noch „Happy Birthday" einüben muss. Statt des geplanten Outdoor-Events möchte Kevin bei diesem schlechten Wetter zu Hause feiern und mit seinen Freunden Casting-Show wie bei „Germany's Next Top Model" spielen, also soll ich Jenny noch was für ihr Styling besorgen. Dabei hasse ich Shoppen. Aber mein innovatives Shopping-App führt mich total locker zum Outlet für Young Ladies und wow: Es ist gerade auch noch Sale!!! Ich bin voll happy. Ein Stück weit ist dieser Einkauf dann auch ganz easy, schließlich habe ich keine Deadline wie im Office und so kann ich völlig relaxt meine Hausaufgaben machen.

Auf dem Park-and-Ride Platz steige ich anschließend in meinen dort abgeparkten Leasing-Wagen und werfe meine Body Bag auf den Rücksitz. Im Radio nur Oldies – ätzend, das ist doch völlig out! Puh, meine To-do-Liste für heute ist abgehakt. Nur noch schnell ein Anruf bei der Hotline für Last-Minute Reisen, ich will Anna mit einem Remake unseres Hochzeitstrips überraschen: mit dem Flieger nach L.A., Hotel Garden Beach Resort, all inclusive, das wär' total abgefahren, aber die Hotlinemaus findet mein Zeitfenster zu klein. „Sorry", sagt sie und „Ciao". Shit! Dann fahre ich jetzt einfach nur noch schnell zum Coffee-Shop und hole mir einen Vanilla latte to go. Die soll es ja jetzt auch zum Mitnehmen geben.

Marcus Nickel

Die Fee hat's vertan

Als ich an einem sonnigen Frühsommertag auf dem Balkon saß und eine Zigarre rauchte, erschien eine kleine Fee im Zigarrendunst. Sie wirkte müde. Ich nahm an, dass sie überarbeitet war. Und da sie ständig wegen meines Rauchs husten musste, pausierte ich höflich. Sie bedankte sich für meine Rücksichtnahme und entschuldigte sich auch gleich für ihr ausgelaugtes Erscheinungsbild. Sie hätte so viele Wünsche zu erfüllen, dass sie kaum noch hinterherkäme. Ich verzieh ihr das, was sie wiederum freundlich stimmte. Dann sagte sie mir, dass ich drei Wünsche frei hätte. Da musste ich nicht lange überlegen und wollte sogleich meinen ersten Wunsch äußern: „Ich wünsche mir…"
„Mich!"
Die Fee unterbrach mich.
„Was meinst du, gute Fee?"
Sie antwortete: „Es heißt „Ich wünsche mich…" am Anfang des Satzes."
Das war mir offensichtlich eine Nummer zu groß, denn das verstand ich nach zehn Minuten immer noch nicht.
„Das heißt doch „Ich wünsche mir…" am Anfang?"
„Nein, „Ich wünsche mich…!""
Na schön, dachte ich und verlangte von ihr: „Nenne mir mal einen passenden Wunsch dazu, so dass ein sinnvoller und korrekter Satz entsteht."
Ich war sicher, dass sie nun scheitern würde und gezwungen wäre, mir zuzustimmen. Doch sie lächelte nur milde und sprach: „Ich wünsche mich… von hier weg!"
Dann verschwand sie spurlos. Und ich blieb mit drei un-

erfüllten Wünschen zurück. Ich dachte mir, wenn sie weg ist, kann ich ja weiter rauchen und leben wie bisher. Schade eigentlich, dass die drei Wünsche Wünsche blieben. Ich hätte mir Weltfrieden, Menschlichkeit und ein langes Leben für alle gewünscht. Tja, die Fee hatte die Chance auf eine bessere Welt vertan.

Josef Hader

Per Annonce

Ich, häusliche, zuverlässige, verantwortungsbewusste und verschwiegene Pfarrersköchin, suche auf diesem Weg einen neuen Pfarrer zur Betreuung. Nicht nur mir, ja der gesamten Pfarrgemeinde wäre es höchst willkommen, wenn gerade Sie den Platz Ihres Vorgängers in unserem Pfarrhof einnehmen würden. Der ist nun schon seit mehr als einem Jahr verwaist. Ich bin in meiner Funktion sehr erfahren – Sie wären bereits mein dritter. Mein erster ist mir gestorben, mein zweiter ist weggegangen, und das trotz meiner umgänglichen Art und deftigen Hausmannskost. Ihre etwa 3.000 Schäfchen inklusive Pfarrgemeinderat sind großteils folgsam und treu ihrem Hirten ergeben. Das kann ich mit gutem Gewissen behaupten, da ich durch meine höchst kommunikative Eigenart stets über alles gut Bescheid weiß. Weiters habe ich auch Erfahrung im Korrekturlesen von Predigten und Schreiben von Fürbitten, die ich in der Messe am liebsten gleich selbst vortrage. Ihr Arbeitsplatz ist zeitgemäß: Der Pfarrhof ist renoviert und die Kirche frisch gestrichen. Der Mesner ist motiviert und auch der Totengräber ist es. Wir freuen uns auf Sie!

Nur ernst gemeinte Zuschriften mit Foto erbeten unter Chiffre „streng katholisch".

Markus Leuschner

Nudeldiät

Gerade Illustrierte propagieren auf ihrer Titelseite die mononaturale Schlankheitskur, bei der es schon nach wenigen Tagen zum O-Effekt kommen muss, welcher später zum A-Effekt wird und für das Erreichen eines positiven Endergebnisses notwendig ist.

Montag
Morgens Nudeln
Mittags Nudeln
Abends Nudeln

Dienstag

Morgens

Mittags

Abends

Nudeln

Mittwoch

Morgens

Mittags

Abends

Donnerstag

„Oooooooooaoaaaaaaah!
Ich kann sie nicht mehr sehn!"

Die Pfunde gehn.

Markus Leuschner

Tagesablauf

Wecker ausgemacht.
Brot gemacht.
Zur Arbeit gemacht.

PC angemacht.
Arbeit gemacht.
Pause gemacht.
Arbeit nicht gemacht.

Nach Hause gemacht.
Dose aufgemacht.
Mund aufgemacht,
Mund zugemacht.

Fernseher angemacht.
Fernseher ausgemacht.

Ins Bett gemacht.

Markus Leuschner

Annonce

Jahressocken, 5 km gelaufen, bunte Zierleisten, Seitenfenster am linken großen Zeh, Heckpolster, Top-Zustand, Tel...

Lina Rohn

Alle Jahre wieder

Heute ist es wieder so weit. Mein Geburtstag rückt unaufhaltsam näher.
Der schlimmste Tag im ganzen Jahr kehrt zurück. Gibt mir ungeschont zu verstehen, wie alt ich bin.
Scheißtag! Wozu sollte man den denn feiern?!
Erst verdrängt er mich aus meiner wohlbehüteten Kindheit, und als ob das noch nicht schlimm genug wäre, fallen mir dann mit sechsunddreißig schon langsam die Haare aus.
Alles ergraut, und letztendlich sehe ich dann mit sechsundvierzig schon aus wie sechzig!
Blöder Tag! Bleib bloß weg!
Meine Mutter ist schuld! Sie hat sich einen Mann mit schlechter Genetik ausgesucht.
Das hat sie nun davon! Einen Sohn, der glatt als ihr zweiter Ehemann durchgehen könnte.
So alt und grau und faltig!
Die Dogge meines Nachbars wirkt gegen mich glatt wie ein Aal! Langsam frage ich mich, wie ich erst aussehe, wenn ich wirklich sechzig bin. Wahrscheinlich hängt die Haut dann nur noch labbrig von den Knochen herunter. Wie ein Bettlaken. Die Haut ist das Bettlaken, die Knochen die Klammern.
...und wenn zu starker Wind kommt, reißt das Bettlaken ab!

Ein Klingeln ertönt. Die Tür.
Wer stört mich denn jetzt, ich bin mitten in meiner Midlife Crisis... und noch lange nicht fertig! Unberührt bleibe ich sitzen. Ein zweites Klingeln ist zu hören.
Mir gratuliert doch nicht tatsächlich jemand zum Geburts-

tag?! Das habe ich allen deutlich verboten!
Es klingelt ein drittes Mal.
Nein, das lasse ich nicht zu!
Dieser Tag wird nicht gefeiert! Heute ist ein schlimmer Tag, den heißt man nicht noch willkommen.
„Hey Mister! Machen Sie endlich die Tür auf! Ich weiß, dass Sie da sind, ich konnte Sie eben durch das Fenster sehen!" ertönt eine monotone Stimme.
„Wer sind Sie?" rufe ich.
„Der Postbote!" antwortet die Stimme genervt.
„Ich will keine Geburtstagsgeschenke zugestellt bekommen! Geschweige denn, irgendwelche hirnverbrannten Karten mit hässlichen kleinen Tieren drauf, die so etwas sagen wie: einen bärig schönen Geburtstag wünsche ich meinem allerliebsten Knuddelbär!"
Stille.
Ich stehe auf und schleiche leise zur Haustür hinüber.
Vorsichtig öffne ich meinen extra für diesen Tag zugeklebten Briefschlitz und spähe hindurch.
„Hi!" ertönt die Stimme des Postboten. Ein Paar kalter grauer Augen starrt mich an.
„Ahhh!" schreie ich und falle rücklings auf meinen „Welcome home"- Fußabtreter.
„Verschwinden Sie!" kreische ich nach einer einsekündigen Erholungspause.
"Ich will heute keine Post!"
„Hab hier eigentlich auch nur die Tageszeitung", antwortet der Mann vor meiner Haustür gelassen.
„Was?!" keuche ich, reiße die Tür auf und starre ihn perplex an.
„Warum klingeln Sie dann und stecken das doofe Ding nicht einfach durch den Briefschlitz?!"
„Erstens war der ja genialerweise zugeklebt!" kontert mein Gegenüber. „Und zweitens hatte ich auf ein bisschen Trinkgeld gehofft."

153

Ein überdimensionales Grinsen breitet sich in dem durch Akne entstellten kindlichen Gesicht aus. Wortlos reiße ich dem Komiker die Ware aus der Hand und schlage ihm die Tür vor der Nase zu.
„Trinkgeld!" murmele ich. „Der hat sie wohl nicht mehr alle!" Wütend schlurfe ich zurück an meinen Platz am Küchentisch. Ich schmeiße mich auf einen Stuhl und durchblättere lustlos das zusammengepampte Papier, in dem sowieso immer nur Mist drin steht. Dabei gibt die Billigausgabe von Stuhl ein gefährliches Knarren von sich. „Notiz an mich selbst: Nichts mehr von Ikea kaufen!"
Gelangweilt schlage ich ein paar Seiten auf. Vor meinen Augen erscheinen die üblichen Artikel:
„Hannover 96 Home-Spiel gewonnen!"
„Rette deine Nachkommen vor der Klimakatastrophe!"
„Mann erschießt Frau und Kind und dann sich selbst!"
oder auch „NPD-Verbot, Ja oder Nein? Heiß diskutiert."
Eben der übliche Scheiß. Ich pfeffere die Zeitung in eine Ecke, wo alte Pizzaschachteln und Bierdosen sie schon sehnsüchtig erwarten. Seufzend beginne ich, in dem aus zerknülltem Papier bestehenden Haufen zu meinen Füßen herumzukramen.
„Hier muss es doch irgendwo sein...", fluche ich, falle auf die Knie und suche mit beiden Händen nach meinem Drum-Tabakpäckchen, das ich gestern im Suff unter den Tisch fallen gelassen habe. Nach einer gefühlten halben Stunde rutsche ich wieder hoch auf meinen Stuhl. Schon wieder total genervt, beginne ich, mir eine Zigarette aus den Restbeständen dessen zu drehen, was vor drei Jahren als Tabak verkauft wurde.
Dazu muss man sagen, dass ich gestern, nach drei Jahren halbwegs gesund geführtem Leben, wieder angefangen habe, mir die Lunge mit Teer vollzupumpen.
Aber an so einem Tag helfen mir die 180 Nikotinpflaster verteilt auf meinem ganzen Körper auch nicht mehr weiter.

Zufrieden zünde ich mir also den Giftstengel an und genieße den Rauch des Todes, der sich langsam in meinen Lungenflügeln ausbreitet.
Mein Blick huscht über das weiße Schildchen an der Vorderseite des Päckchens.
„Rauchen lässt die Haut schneller altern", steht dort in fettgedruckten schwarzen Buchstaben.
„Macht jetzt auch keinen Unterschied mehr", denke ich und ziehe, wieder vollkommen dem Satanszeug verfallen, ein zweites, drittes und viertes Mal.
Halbwegs besänftigt lehne ich mich auf meinen Stuhl à la „Ich bestehe aus 99, 99 % Sperrmüll" zurück.
Plötzlich sticht mir ein schrecklich gelb-grün glänzender Flyer ins Auge. Den hatte ich anscheinend bei meiner Suchaktion mit ausgegraben.
„Ü-40 Party" steht dort in dunklen Buchstaben, „Wir lassen es noch einmal so richtig krachen und zeigen es den jungen Leuten von heute!"
Entsetzt starre ich auf das Blatt Papier in meiner Hand.
„Warum schreibt ihr nicht gleich: Wir sind so hässlich und armselig, dass wir in der normalen Gesellschaft keinen Sexualpartner finden und müssen deshalb auf die widerlichen Frauen und Männer zurückgreifen, die genauso verzweifelt und abstoßend sind wie wir und denen es inzwischen auch egal ist, dass die Person unter oder über uns wohl schon seit ein paar Jahrhunderten verwelkt oder nie richtig aufgeblüht ist!"
Aufgebracht zerreiße ich den grell leuchtenden Freifahrtschein zur Hölle und schmeiße ihn in Richtung Klosett.

„Na, dann lieber in Würde altern!" denke ich, schlüpfe in die zuerst gegriffenen Klamotten, schnappe mir meinen Mantel und mache mich auf den Weg zu meinem Lieblingsrestaurant, um meinen Geburtstag zu feiern.

Günter Specht, lustigsein aus terminlichen gründen

Richard Westermaier

Theaterkasse (Sketch)

(Theaterkasse. Ein Telefon klingelt. Es hebt eine Frau ab, die zunächst noch eine Karotte isst)

Münchner Theater. Grüß Gott! Ja, hier ist die Kasse, genau! Kurzfristiger Entschluss? Aha. Sie sind unterwegs. Ins Theater! Oh mei! Ja freilich ist hier das Münchner Theater. Nein, ich kann jetzt nicht verbinden. Das funktioniert nicht. Wann? Heut' Abend? „Torquato Tasso", genau. Theoretisch geht das schon. Was? Achso: praktisch? Ja, ich würd's Ihnen halt nicht empfehlen. Weil ich's langweilig find'. Nein, das sag net bloß ich.

(isst neue Karotte, dann zu fiktiver Kollegin)
Mit Milch, aber ohne Zucker!

(zum Anrufer)
Wissen S', beim Goethe wird halt bloß den ganzen Abend g'red't. Unsere Hospitantin, die Natascha, und die studiert des immerhin, sagt auch, dass der Schiller viel bessere Stückl g'schrieben hat und dass der schon bedeutend amerikanischer war als wie der Goethe. „Die Räuber" zum Beispiel: Da ist alles drin: unlösbare Konflikte: zwei Brüder, die sich net mögen und a Raffat's gibt's auch... Das wenn der Spielberg verfilmen tät, mit Tom Hanks! Das wär der Mega-Hit! Ich sag Ihnen: Der Goethe, wenn der net den „Faust" g'schrieben hätt'! Oh mei! Dann wär der nie prominent g'worden. Ja, wenn Ihnen sowas trotzdem g'fällt. Schöngeistig? Ja, werd's schon sein. Ich bin bloß die Kasse. Jetzt seh ich grad, dass

heut ausverkauft ist. Was mach' ma denn da?

(zu fiktiver Kollegin)
Danke Mausi!
(zieht Kaffeetasse zu sich und trinkt)

Tschuldigung. Ich hab Sie grad net verstanden. Morgen hamma Premiere mit was Modernem, spielt auf'm öffentlichen Klo, wo sich zufällig Leut' begegnen. Und dann fällt jeder über jeden her, wie's grad passt. Vogelwuid, sag ich Ihnen. Dauert auch bloß zwei Stunden. Aber ohne Pause, da können Sie sich gleich drauf einstellen: nix biseln und Sekt saufen! Was? Das stört Sie net? Sie müssen aber g'sund sein! Ich hab bloß mal bei den Proben neig'lurt, und bei dem Geräusch der dauernden Spülungen muss ich zugeben... Ja, freilich ist hier die Kasse. Man red't ja bloß.

Ich würd' aber vorsichtshalber erst mal die Kritik abwarten, weil die letzten Produktionen haben s' ja dermaßen verrissen. Aber die von der Dobmeier brauchen S' net lesen. Die hat sich gerade von unserem Dramaturgen getrennt. Ja. Im Streit, leider. Es ging anscheinend um Fußball. Ich hab sie nur schreien gehört, die Dobmeier: „Sowas kann man doch heute nicht mehr eins zu eins spielen."
Sie haben keine Zeit mehr? Ja dann. Eins kann ich Ihnen noch sagen: Das wird bestimmt net schlecht werden! Der Regisseur ist ganz bekannt. Den haben s' schon in Braunschweig nausg'schmissen. Und in Wien war er auch, vorübergehend. In Augsburg haben's ihn dann zunächst unterschätzt. Aber jetzt: ich kann nur sagen, ich bin zuversichtlich.

(trinkt)

Was heißt da, Sie geben auf? Also gut, am Samstag, zwei Personen für den „Tasso". Da hab ich bloß noch Reihe 28. Da sehen S' seit dem Umbau aber schlecht. Und hören tun S' auch nix, weil die Akustik dermaßen mies ist. Das sagt ein jeder. Am Samstag kommt doch eh „Der eiskalte Engel" mit'm Alain Delon. Im Ersten. Was? Haben S' schon g'seh'n? Aber den kann man doch immer wieder... „Es gibt keine größere Einsamkeit als die des Samurais, es sei denn die eines Tigers im Dschungel." Ihre Frau will. Dann gehn S' halt mit ihr Essen, oder fahren S' aufs Land, da stinkt's im Gegensatz zu unserem Zuschauerraum nicht so nach Clearasil und After Shave. Sie werd'n doch net am Samstag Abend ins Theater gehn woll'n.

(trinkt)

Äh, ja, hier ist die Kasse. Des war ja nur gut g'meint. Freilich mach ma des. Reihe 28. Ist recht. Sie werd'n schon wissen, was Sie tun. Wie war der Name?.

Auf Wiederhör'n, Herr... Kultusminister!

Richard Westermaier

Silvester-Fußball

Im Münchener Westen liegt das Stadtviertel „Gern". Nicht weit vom Nymphenburger Kanal stehen hier schöne, alte Villen und Einfamilienhäuser mit grünen Gärten. Nördlich befindet sich der Westfriedhof, auf dem das Radfahren 300 Euro Strafe kostet.

Ein alter Münchner erzählt im Taxisgarten nach der dritten Maß von einem sagenumwobenen Stadtviertel zwischen Gern und dem Westfriedhof. Es heißt „Sehrgern" und taucht nur zum Jahreswechsel an düster-nebeligen Tagen auf. Hier leben angeblich noch die berühmtesten verstorbenen Münchner.

Ein Kind will sie schon gesehen haben, als sie nach einem Lokal suchten, um dort ihr kühles Bier zu trinken, eilig herbeigezaubert von wieselflinken Mönchen. Dann soll philosophiert worden sein und gekartelt, gepafft und gestritten. Die Wittelsbacher saßen in der einen Kneipenhälfte und die Bürgerlichen in der anderen.

Was sie vereint, ist die Liebe zum Fußball, und darum treffen sie sich am Silvesterabend, um im alten Olympiastadion ein Spiel auszutragen. Während sie sich warmlaufen, dehnen und strecken, malt Franz von Lenbach den Mittelkreis noch einmal neu. Er tauft ihn Lenbach-Kreis.
Die Standesschranken sind aufgehoben, wenn Prinzregent Luitpold und Kurt Eisner als Teamchefs ihre Mannschaften

wählen. Wie zu Schulzeiten im Sportunterricht tippeln sie aufeinander zu. Wer die letzte Fußlänge zwischen sich und den Kontrahenten einfügen kann, der darf zuerst wählen. Und wie in der Schule werden die Sportlichsten, Trainiertesten und Schnellsten zuerst gewählt und die Langsamen zuletzt. Das betrifft leider Jahr für Jahr König Ludwig II., den zwar alle lieben, aber ein Träumer auf dem Spielfeld? Wohin soll das führen?

St. Benno schaut bereits unruhig auf die Uhr. Der Münchner Stadtheilige soll als Schiri das Spiel leiten und für Ruhe sorgen. Er pfeift an. Das Team des Prinzregenten bekommt den Ball und hält ihn erst einmal minutenlang in den eigenen Reihen.
Während sie einen Angriff planen, bemängelt ihr Außenverteidiger Friedrich Ludwig von Sckell den Zustand des Rasens. Endlich schnappt sich Max II. Emanuel das Leder und stürmt in Richtung Strafraum wie einst gegen die Türken. Doch da kommt Oskar Maria Graf vom gegnerischen Lager angerannt, springt und rutscht auf seinem Lederhosenboden 10 Meter bis zwischen die Beine des ehemaligen Herrschers. Ein Pfiff von St. Benno. Graf versucht zu leugnen. Vergebens.

Rainer Werner Fassbinder geht im gegnerischen Tor auf und ab. Er ist sich nicht sicher, ob er dafür der Richtige ist und machte sich gerade Notizen für eine neue Farb-Ästhetik, als der Ball neben ihm ins Netz schlägt.
König Otto, angeblich geisteskrank, hatte nicht lang gefackelt und den Ball versenkt. Was für eine Schmach. Ein Irrer trifft, und das schon nach einer Viertelstunde. 1:0!
Gärtner würde am liebsten das Tor abreißen und ein neues bauen. Der Vorschlag wird von seiner Mannschaft intensiv diskutiert, doch dann schließlich verworfen.

Sigi Sommer spaziert zur Mittellinie und kickt zu Oscar von Miller. Dem geht ein Licht auf. Er schlenzt die Kugel zu Karl Valentin, der sie - wegen seiner gebückten Haltung - auf seinen Zylinder bekommt. Wie ein wild gewordener Weberknecht hüpft er mit seinen langen Beinen über links, wo er Sckell täuscht und eine Bananenflanke weit vor den Strafraum zieht. Dort wartet Georg Elser, doch der scheitert und schießt daneben.

Ludwig II., im Tor, legt sich den Ball zurecht und schlägt ab, doch nicht weit genug. Franz Josef Strauß stoppt ihn mit der Brust und sucht vergeblich nach einem Spezl. Er tankt sich durch die gegnerischen Reihen, bis er rechtsaußen Ludwig Thoma sieht. Thoma bekommt den Ball, passt zu Feuchtwanger, der ihn erfolgreich ins Kreuzeck hämmert.

Ludwig II. hat eine Vision. Was, wenn man den Ball so weit schlagen könnte und so hoch und so schön, dass alle den Flug bewunderten, dass alle die Vision eines Flugs, der noch nie dagewesen wäre, so sehr liebten, dass sie an nichts anderes mehr denken könnten? Währenddessen läuft sich Toni Berger als bleichgeschminkter Boandlkramer frei und schlenzt den Ball zum 1:1 ins Tor der Wittelsbacher.

St. Benno pfeift das Spiel ab, als Ludwig II. noch vor seinem geistigen Auge den Ball an Jupiter und Mars vorbeifliegen sieht. Auf einer Sänfte wird der Monarch schließlich von marokkanischen Balljungen hinausgetragen.

Das Spiel endet unentschieden, und wie jedes Jahr um 23.45 Uhr, ganz gleich wie der Spielstand ist, gehen alle auf den Aussichtshügel im Olympiagelände. Sie genießen die aufblitzenden Lichter des Silvesterfeuerwerks, das Knallen und Zischen, und manch einer lästert, weil München von hier aus gesehen gar nicht besonders schön aussieht. Aber dann denken sie, was seit ihrem Ableben alles in der Stadt passiert ist. Nicht schlechter ist sie geworden, nur anders, und wenn das nicht so weiterginge, dann gäb's auch nichts mehr zu lästern, und wo kämen wir dann hin?

Richard Westermaier

Langnese flankt

Weil das neue Fußball-Stadion wesentlich teurer wurde als vorgesehen, lotet die Heimmannschaft bereits alle Möglichkeiten aus, um weitere Sponsoren einzubinden.
In Zukunft werden wir nicht nur Bandenwerbung und Logos auf den Trikots zu sehen bekommen. Erstmals in der Geschichte des deutschen Fußballs nehmen die Spieler selbst die Namen von Produkten an.

Eine Reportage hört sich künftig dann ungefähr so an:

Trainer Clausthaler muss heute auf das bewährte Stürmertrio Gut, Besser, Paulaner verzichten. Gut hat eine Achillessehnenzerrung, Besser eine Grippe und Paulaner ist noch gesperrt. Trotzdem rollt der Angriff der in rot angetretenen Allianz. Langnese schlägt eiskalt eine Flanke. Zu weit. Zu weit. Jetzt ist der Gegner in Ballbesitz.

Mars, heute wieder voller Energie, flankt zu HypoVereinsbank. Ja, was ist das? HypoVereinsbank dribbelt, umspielt die Dresdner und die Deutsche Bank und zieht ab. Der Schuss wird von AOL abgefälscht und ist drin. Er ist drin. Drin, drin drin!!!!

Jetzt wird es spannend. Anstoß auf der von Samsung gesponsorten Mittellinie. Die Audi-Viererkette steht geschlossen vor dem eigenen Strafraum. Erdinger schlägt eine weite Flanke in die Tiefe, wo sich E.ON freimacht. E.ON gibt ab zu TV-Spielfilm. TV-Spielfilm täuscht Volvo und Schuss. Glück

für die Allianz. An die Latte.
Die Latte wird präsentiert von OBI Heimwerkermärkten.
Der Ball springt zurück, TV Spielfilm kommt nochmal heran und versucht Opel zu tunneln. Aber Opel hat schnell reagiert und kann abblocken.

Nissan schnappt sich das Leder und geht. Er geht ab wie die Post. Die gelbe Post. Mein Gott! Nissan rast über das halbe Spielfeld, flankt zu Ford und Ford tut was. Aber der Torwart der Heimmannschaft, Martini, kommt mit den Fingerspitzen heran und lenkt ab zur Ecke von Rossmann. Honda läuft zur Karstadt-Fahne, legt sich den Adidas-Ball zurecht und zieht ihn flach in den Strafraum hinein. Den Strafraum von Müller Milch.

Ja so, genau so spielt man modernen Fußball. Jetzt macht sich der teuere Einkauf von Mercedes bezahlt. Mercedes löst sich geschickt von dem Verteidiger Aldi und köpft. Martini springt hoch, Toyota, der neue schlitzäugige, 12 Millionen teure Wunderstürmer, drängelt dazwischen. Er will köpfen und stützt sich auf. Ja er stützt sich auf. Martini und er gehen zu Boden. Ein Foul. Ein klares Foul. Foul im Müllermilch-Bereich entscheidet Schiedsrichter Camel und zeigt Toyota die wüstenrote Karte. Doch nichts ist unmöglich: Toyota zückt eine Versicherungskarte. Welche Tragik, welche Ironie. Rechtsschutz bei der Allianz. Schiri Camel ist verwirrt. Er fordert Beratung. Von den Ersatzbänken laufen Anwälte in Boss- und in Brioni-Anzügen auf den Rasen. Ja, was ist denn das? Die Spieler machen eine Lila Pause. Die Partie wird unterbrochen.

Ich gebe zurück ins Studio und melde mich wieder - nach der Werbung.

ENDE

Gábor Wallrabenstein

Stehgreiftheater

Nichts ist uninteressanter als die Zeitung von gestern. Diese Binsenweisheit ist so alt wie das Geschäft mit Nachrichten. Nun sollte man annehmen, Zeitungsmacher seien daran interessiert, jeden Tag für aktuelle Inhalte und lebendig geschriebene, orthografisch richtige, vor allem aber semantisch und semiotisch korrekt gesetzte Zeichen zu sorgen, damit sich der an den Leser gerichtete Inhalt nicht bedeutungsschwanger ins Nirwana des absoluten Unsinns verflüchtigt... Letzteres allerdings geschah eines Tages besonders signifikant im Lokalteil einer überregionalen Tageszeitung in Ostwestfalen-Lippe: Ein Schreiber berichtete über „Angebote für Mädchen im Haus der Jugend". „Stehgreiftheater und Hip-Hop" lautete die Überschrift. Nun wissen viele, dass Hip-Hop eine auf dem Rap basierende musikalische Stilrichtung ist – bekanntermaßen auf James Brown und Co. zurückzuführen –, sozusagen ein elektronisch erzeugter, stark rhythmisierter Musikstil mit Sprechgesang, der besonders zum Tanzen von, na eben Hip-Hop geeignet sein soll. Was aber um Himmelswillen ist Stehgreiftheater? Handelt es sich um eine spezielle Form des in den 50er bis 80er Jahren des vergangenen Jahrhunderts in Avantgarde- und Anarchokreisen so beliebten Living Theatres? Oder gar um eine neuartige Form von Selbsterfahrung auf der Bühne mittels greifender Bewegungen im Stehen? Vielleicht haben die Akteure in absoluter Dunkelheit die Orientierung verloren? Das Ganze gewürzt mit Elementen des Schwarzlichttheaters, kombiniert mit Method Acting? Ach was, nichts von alledem! Blödsinn, nein und nochmals nein! Ganz einfach scheint es sich um in ganz

Deutschland sich wiederholende, möglicherweise nicht vermeidbare Aspekte der Nachrichtenmacherei in der Jetztzeit zu handeln: Unkenntnis der Rechtschreibung und Verwendung von falschen Wörtern. Kannte der geneigte Schreiber der Meldung den Unterschied zwischen „Stehgreif" – im Stehen greifen (hier falsch!) – und „Stegreif" – „Steigbügel"/ aus dem Reif = unvorbereitet (hier richtig!) nicht? Möglicherweise hat er den Tatbestand des Textens mit Worten unbekannten Sinngehalts erfüllt. Darauf steht auf dem Olymp der Journalisten lebenslanges Schreibverbot! Oder handelt es sich etwa keineswegs um Unkenntnis, sondern vielmehr um eine innovative Sprachform, nennen wir sie einmal „Neusprech"? Vielleicht soll ja der Begriff „Stehgreiftheater" an die Bretter, die die Welt bedeuten – die Theaterbühne – erinnern. Und die werden ja – wie wir alle wissen – aus dem Holz der „Warzeichen" hergestellt. Aus dem Holz welcher Eichen bitteschön? Eichen mit Warzen? Wer hat so etwas denn schon einmal gesehen? Ach nein, der Schreiber dieser Kolumne meint natürlich „Wahrzeichen". Solche Fehltextungen sind nicht nur extrem ärgerlich, ihre Häufung muss auch einen Grund haben. Legen die Verantwortlichen von Medienunternehmen beim Großziehen des Redakteurnachwuchses möglicherweise keinen Wert mehr auf eine breit angelegte sprachliche Ausbildung? Es hat den Anschein, dass wohl das Schreiben beigebracht wird, aber nicht die Fähigkeit zum Lesen und Verstehen des soeben selbst Geschriebenen. Hat zusätzlich den Anschein, dass in der Korrekturphase von Tageszeitungen Menschen sitzen, die zwar in der Lage sind, einen technischen Ablauf kostenoptimiert und zeitnah zu strukturieren, damit das Blatt frisch auf den Tisch kommt, aber unfähig, den Sinngehalt des gedruckten Wortes zu erfassen. Und das gilt natürlich auch und besonders für alle Online-Medien. Beispielsweise kann man so oder ähnlich lesen „Meine Frau und ich sind zusammen gekommen". Das ist schön, das hat nicht jede/r. Sollte jedoch gemeint sein, dass „… meine Frau und ich uns trafen", muss es natürlich heißen „Meine Frau und ich sind zusammengekommen." Und in dem Zusammenhang ist nicht nur die Nachricht von gestern uninteressant, sondern auch die Zeitung von heute. Denn was nützt uns die beste Nachricht, wenn sie zwar frisch ist, aber weder ein „Wahr-Zeichen" darstellt, noch die Möglichkeit bietet, im Stehen zu greifen, um zusammen zu kommen, äh, zusammenzukommen?

Tanja Sawall

Ein Name für Mr. Right

Wir alle kennen diese Traumtypen aus dem Fernsehen. Doch im Leben einer jeden Frau gab es schon mal einen Mc Dreamy, McSteamy, McSexy oder den einen Mr. Big. Ob er nur von Weitem angehimmelt oder mehr aus der Schwärmerei wurde, ist vorerst ohne Belang. Mich beschäftigt die Frage, wie man das Objekt ihrer Begierde hierzulande nennen soll, ohne seine Identität sofort preiszugeben. Übrigens spreche ich nicht von den üblen Diminutiven wie Bärchen, Schätzchen oder Mäuschen – und McIrgendwas oder Mr. Soundso sind nicht nur bereits vergeben, es wird auch sofort ein bestimmtes Bild abgespeichert.

Der allseits bekannte Max Mustermann steht jedenfalls nicht zur Wahl. Mal abgesehen von der Ödnis dieses Platzhalters, ist er inzwischen sicherlich markenrechtlich geschützt. Herr Richtig klingt falsch. Schauen wir uns mal in der Lebensmittelabteilung um. Flüstere ich einer Freundin, dass ich „Paprika" gesehen habe, weiß sie immer noch nicht, ob ich ihn edelsüß oder rosenscharf finde. Den Auserwählten mit einem Gemüsenamen zu garnieren ist vielleicht knackig, aber fruchtlos. Andererseits tritt der Fruchtzwerg in der Geschmacksrichtung Banane zu phallisch und Birne zu feminin auf. Der Curry-King wird von kreischenden Furien verfolgt, während Hans Wurst eindeutig zu negativ belastet ist und in keinster Weise – weder im Ganzen noch portioniert oder im zarten Saitling – die Anbetungswürdigkeit dieses einen Mannes beschreibt: gleicht er doch Adonis' Klon.
Dass der gleiche Vorname, also Hans, auch in die Luft guckt,

macht die Sache nicht besser. Dann schon eher den, der im Glück ist – nicht zu verwechseln mit dem, der mit dem Wolf tanzt. Ja natürlich, ein indianischer Name könnte vielleicht aushelfen. Aber wer möchte denn einen Habenichts Möchtegern oder einen Tunichtgut Taugenichts? Fangdaslicht Haltmichfest hingegen ist nicht nur weichgespült ROsamundepilcherMANTISCH, sondern erinnert seltsamerweise auch viel zu sehr an Karel Gott. A propos Gott... Nein, so gern wir ihn auf ein Podest stellen, das führte wohl zu weit. Dennoch sollte er angemessen betitelt werden, bedeutend und stark.

Heinrich der Löwe. Wenn er nicht zufällig im Tierkreiszeichen der majestätischen Katze geboren wurde, sollten wir diese Überlegung rasch ad acta legen. Es sei denn, man möchte seiner Umwelt vermitteln, dass man neuerdings einem eitlen, stolz Behaarten untertänig zu Diensten ist. Wenn er obendrein noch Krallen hat, können wir gleich Struwwelpeter verehren. Ein wenig reinlicher sollte sein Pseudonym schon strahlen.

Wie wäre es mit Meister Proper? So ein geschorenes Haupt kann durchaus sexy sein, impliziert in dem Fall jedoch eher einen Putzfimmel oder den Hang zur Adipositas. Diese kann durch verschiedenste Faktoren ausgelöst werden: durch maßlosen Hefe-Konsum beispielsweise. Ein Bier Ernst kommt daher überhaupt nicht in Frage, entweder ist er ein pummeliger Stoffel oder ein grummeliger Saufkopf. Da wir gerade dabei sind: Franz Branntwein wirkt zu kühl, wenn auch belebend und erfrischend. Innerlich wärmender Captain Morgan oder Jack Daniel's lassen die Realität eher verschwommen sehen und würden doch nur deren schwankend lallende Wortkreuzung Captain Jack Sparrow spiegeln. Er sollte schon etwas mehr Intellekt ausstrahlen. Allerdings ist Schlaubi Schlumpf nicht nur zu klein und obendrein noch blau, nein, er zeichnet sich als Besserwisser und wirkt hochnäsig – wenn auch auf niedliche Art und Weise. Aber dann könnte man ja gleich zu

Napoleon Bonaparte absteigen. Eventuell duldet man kleine Diktatoren gerade noch unter den eigenen Sprösslingen, bei einer ausgewachsenen Eiche ganz sicher nicht. Mit einem Robin Hood, um das Pendant zu nennen, kommt man finanziell nie auf einen grünen Zweig.

Lucky Luke, ein weiterer rechtschaffener Naturbursche, kaut zwar betörend unnahbar und lässig auf seinem Grashalm, und ist – ebenso wie der Rächer der Enterbten – nicht nur selbstlos fürsorglich, sondern auch noch ehrenamtlich tätig; Attribute, bei denen sogar emanzipierte Weibsbilder gelegentlich schwach werden. Doch am Ende des Tages reitet der einsame Cowboy auf seinem Ross stets allein gen Sonnenuntergang.
Garantiert bekommt jede noch so eiserne Jungfer karpfenartige Schnappatmung beim spitzbübischen Schalk im Blick eines Casanovas oder Don Juans. Bekanntermaßen können wir dem schon von jeher kaum widerstehen. Als Einzelkind teile ich jedoch nicht allzu gern – schon gar nicht verführerisch aromatisierte Männer!
Den Frauenversteher Deeetlef Doppel-Collier nehme ich sehr gern mit auf eine Shoppingtour, ins selbe Bett wollen wir uns aber beide nicht legen. Gleichwohl sollte in seinem Alias elega(la)nter Rhythmus mitschwingen, selbst wenn es keinen Tänzer-Fred wie Astaire braucht.

Möchte man also einen namentlichen Helden kreieren, muss schon ein Supermann à la Clark Kent einspringen. Nicht umsonst wird smart, charmant, muskulös... schlichtweg der Prototyp beschützender und dennoch einfühlsamer Männlichkeit mit ihm assoziiert. Ungeachtet dessen ist der Name an sich viel zu gewöhnlich für einen außergewöhnlichen Mann und – weitaus schlimmer – untrennbar mit roten Unterhosen verknüpft.
Das Bildnis eines nicht alternden Dorian Gray scheint verlo-

ckend. Doch was nützt mir die Metapher eines ewigen Jünglings mit aalglatter Haut, wenn meine in absehbarer Zukunft mit Dörrobst konkurriert?

Das perfekte Synonym für den (Teilzeit-)perfekten, echten Kerl zu generieren, ist gar nicht so leicht und sicherlich individuell anzupassen. Immerhin muss der Name diverse Eigenschaften vereinen: schön, nicht alt- aber klug, aufrecht und weltoffen, besonders und aufmerksam, (an-)mutig und beschwingt, mit einer Messerspitze Humor und einem (zumindest) mittleren Platz auf der Scoville-Skala, standfest und statthaft, unverwüstlich, groß und stark (ohne ständig eine Dose Spinat leeren zu müssen, Popeye!). Er sollte heroische Geborgenheit versprechen, wie Poesie, die Verkörperung von Leidenschaft...
Oh, Achilles! Wobei offen bleibt, ob man es als seine Unverwundbarkeit deutete oder vielmehr als meine Achillesferse, meinen wunden Punkt.

Nein, irgendwie fehlt mir immer noch das feurige Prickeln. Wenn die Wahl zwangsläufig auf die englische Variante inklusive Serienkompatibilität fiele, I'd proudly present my Mr. McPassion.
Aber wahrscheinlich muss ich sowieso umsatteln und am Ende ganz banal – nicht gerührt und nicht geschüttelt – zum Ursprung zurückkehren, nämlich zu Mr. Right, Mr. Copy Right.

Jiri Kandeler

Glück

Traurig spricht der Philosoph:
„Ich bin so klug und doch zu doof.
Tagein, tagaus tu' ich mich plagen
mit des Daseins großen Fragen.
Doch was des Glückes Wurzeln sind,
das weiß womöglich nur der Wind."

Es spricht der Mönch zum Denker: „Du,
dasselbe quält mich immerzu.
Ich les' die Bibel, meditiere,
bete oft bis nachts um Viere.
Doch was der Weg zum Glück soll sein,
weiß offenbar nur Gott allein."

Da spricht der Narr zu diesen Zwei'n:
„Ihr müsst ja wohl bescheuert sein.
Ihr seid ja blinder als die Blinden,
das Glück ist doch so leicht zu finden:
Ihr braucht nur auf der Wiese liegen,
den Wolken zuschau´n, wie sie fliegen.
Dazu noch etwas Sonnenschein,
mehr braucht man nicht zum glücklich sein."

Günter Specht, stapellauf des letzten buchstaben

Frank Stückemann

Legasthenierung
(Neue Rechtschreibung)

dumm fickt gut: analfabeten
haben sich's anal verbeten
der ph-wert wirkt als malus
für den härtegrad des fallus'
und aus dem ff will keiner
unsrer griechen und lateiner
pisa-studien mit schiefen
turmbauten auf sand vertiefen
geistige ergüsse hassen
afterlehrer hintersassen
unsre bildungspotentiale
bilden die potenz-fanale
man wird sie in allen klassen
abschlagen und hängen lassen
so gibt jede vogelmutter
ihren küken mogelfutter

Frank Stückemann

Kaufpreis zufriedener Kunden

Haben Sie Lust, für dreißig Euro den Arbeitsplatz Ihres Nächsten zu gefährden, dessen Betriebsklima zu vergiften, Existenzen auf's Spiel zu setzen und ganze Familien in den Ruin zu treiben? Dann beteiligen Sie sich an der Kundenbefragung, die augenblicklich in einer großen ortsansässigen Lebensmittelkette durchgeführt wird.
Glauben Sie aber nicht, Ihren Judaslohn schon als Informant für die erstbesten Fragebögen verdienen zu können, die man ihnen dort präsentiert. Diese sind von unverdächtiger Harmlosigkeit, gewissermaßen die Schokoladenseite der Innenrevision. Obwohl vom Ergebnis her bedeutungslos, dienen sie doch als Kontaktaufnahme und Eignungstest für den eigentlichen Spitzeldienst. Sind Sie bereit, an weiteren Befragungen teilzunehmen? Würden Sie für diesen Zweck Ihre Adresse hinterlegen? Das sind die entscheidenden Fragen, die Sie bejahen müssen, um ins Geschäft zu kommen. Erst dann wird man Ihnen die wirklich wichtigen Unterlagen zusenden; alles Weitere vollzieht sich konspirativ zwischen Ihnen und dem Innenrevisor, also hinter dem Rücken der gesamten Belegschaft, die selbstverständlich von ihrem künftigen Glück nichts ahnt.
Hier werden Sie endlich nach dem Namen derer gefragt, die Sie bedient haben (denn die Bedienungen tragen ihre Namensschildchen nicht nur zwecks besserer Partnervermittlung). Hier können Sie endlich Ihrem Unmut nach Herzenslust die Zügel schießen lassen. Muss ein zureichender Grund vorliegen? Nein, es reicht, wenn Ihnen die Nase einer Verkäuferin nicht passt oder wenn Sie zufällig mit dieser Person

als deren Nachbar oder Vermieter noch ein Hühnchen zu rupfen haben, sei es wegen des losen Mundwerks, loser Sitten, loser Schuhbänder. Je nichtiger der Anlass, um so selbstzufriedener werden Sie dann in Kürze feststellen, wie man vor Ihnen, dem König Kunde, wieder gebührend strammsteht. Allein deswegen lohnt es sich schon, seinen Nächsten als Faulpelz, Trunkenbold, alte Schlampe, arrogante Schnepfe, schamloses Flittchen oder geilen Bock anzuschwärzen. Schreiben Sie, was immer Ihnen der Heilige Geist eingibt, was immer Sie an Tratsch und übler Nachrede gehört haben: Derartige erzieherische Maßnahmen werden den Betroffenen nur zum Besten dienen.

Und weiter: Gibt es sonst noch etwas, das Ihnen an dem Laden nicht passt? Zum Beispiel die Anordnung der Mülltonnen und der nicht mehr gebrauchten Pappkartons sowie Obst- bzw. Gemüsekästen im hinteren Bereich, der normalerweise nicht eingesehen werden kann und darum auch viel zu wenig kontrolliert wird? Die Innenrevision wird sich freuen, dass es so aufmerksame Höhlenforscher gibt wie Sie. Auch wenn Sie nicht um die Zuständigkeit in den einzelnen Abteilungen Bescheid wissen können, auch, wenn sich aus diesem Grund leider kein Mitarbeiter namentlich in die Pfanne hauen läßt: man findet mit Sicherheit den Schuldigen, der Ihren Missmut auszubaden hat. Alles hat seinen Preis, und auch Sie können etwas für Ihren Service tun. Verlangen Sie nicht nur Unmögliches, d.h. den üblichen Einsatz, sondern immer wieder wirkliche Opfer, die, wie Sie als guter Christ wissen, nur in Demut, Selbstverleugnung und Bereitschaft zum Kreuz bestehen.

Natürlich werden jetzt wieder die üblichen Moralapostel vor Betroffenheit und Entrüstung aufjaulen, ja sogar in ihrer selbstgerechten Ignoranz derartige Methoden als Perfidie diffamieren. Aber diese armen Irren sind ja auch derart ideologisch vernagelt, dass sie einfach die ungeheuren Vorteile solcher Methoden nicht mehr erkennen wollen. Wenn man

Kosten sparen, das Personal drücken und zufriedene Kunden haben will, dann gibt es nichts Besseres und Billigeres, als das noch weitgehend ungenutzte Denunziationspotential derselben auszuschöpfen. Es ist da, in überreichem Maße sogar, aber es liegt brach und wartet nur darauf, sich um eines geringfügigen Vorteils willen wem auch immer anzudienen.
Sodann bietet dieses ausgeklügelte System der Mitarbeiterbespitzelung eine äußerst sinnvolle Ergänzung zu der Installation von Spiegeln und Videoüberwachung. Jeder glaubt noch, diese dienten der Verhinderung von Ladendiebstählen, obwohl sich mittlerweile langsam herumgesprochen haben dürfte, dass sie ebenfalls zur Hebung der Arbeitsmoral von nicht geringem Nutzen sind. Nur lassen sich innere Einstellung, Privatleben, Gesinnung, Gewissen und Intimsphäre der Belegschaft damit nicht überprüfen. Hier sind die Spitzeldienste verdeckter Ermittler unbedingt erforderlich – und wer wäre unverdächtiger als ein Kunde im Laden?
Ferner ist die Benutzung der eigenen Kundschaft ungleich kostengünstiger als die Einstellung von professionellen Probeeinkäufern. Auch lässt sich der Kundenstamm dadurch langfristig an das Geschäft zu binden: Unter drei Großeinkäufen in sämtlichen Abteilungen, die natürlich selbstlos aus eigener Tasche bezahlt werden müssen, ohne den dreifachen Zeitaufwand beim Ausfüllen der jeweiligen Fragebögen (jeweils sechs Seiten) kommen Sie nicht an Ihren Judaslohn. Da spreche mir noch einer vom Rückgang ehrenamtlicher Tätigkeit in Deutschland!
Natürlich haben dreißig Euro einen wesentlich geringeren Gegenwert als dreißig Silberlinge. Aber dafür wiegen die dreißig Euro auch nicht so schwer auf Ihrem Gewissen wie das Blutgeld des Judas, wenn Sie denn dessen übermäßige Empfindsamkeit teilen sollten: Für diesen läppischen Betrag brauchen Sie sich wahrlich nicht bei Ihrem Ehrbegriff behaften zu lassen und sich womöglich am nächsten Maulbeerbaum aufknüpfen!

Deshalb: Denunzieren Sie guten Gewissens! Sie werden nicht für die Einhaltung des Achten Gebotes bezahlt, im Gegenteil: Wer wollte, wie Luther in seinem Kleinen Katechismus erklärt, den Nächsten entschuldigen, Gutes von ihm reden und alles zum Besten kehren? Das können Sie tun, wenn Sie Satiren schreiben wollen; die Wirklichkeit, insbesondere die ökonomische, sieht anders aus. Und ihrem Diktat haben wir uns alle zu beugen, koste es, was es wolle. Also: Machen Sie sich frei von diesen alten Zöpfen; bei der Übertretung anderer Gebote stellen Sie sich doch auch nicht so zimperlich an! Den Nächsten belügen, verraten, verleumden oder seinen Ruf verderben, darum geht es! Schließlich sind in unserer jüngeren Geschichte Arbeitskollegen, enge Freunde, ja selbst nächste Angehörige für sehr viel weniger, um nicht zu sagen: aus selbstlosem Idealismus den jeweiligen Geheimdiensten ans Messer geliefert worden.

Helfen Sie mit beim betriebsinternen Mobbing! Tun Sie das Ihre, damit dringend benötigte Arbeitsplätze wieder frei bzw. nach ihrer Wegrationalisierung hierzulande in umso größerer Anzahl bei unseren Nachbarn in den Billiglohnländern eingerichtet werden können. Flexibilität und Mobilität sind gefordert! Wo man, wie etwa auf Sumatra oder Sri Lanka, seinen Urlaub verbringt, wird man wohl auch selbstverständlich eine neue Arbeitsstelle annehmen können.

Und noch ein Letztes: Über die Folgen Ihres Tuns brauchen Sie sich keine Gedanken zu machen, womit ich natürlich nicht die Konsequenzen für die betroffenen Mitarbeiter des Ladens meine; um diese haben Sie sich ja ohnehin niemals gekümmert. Es geht hier natürlich und ausschließlich um die Folgen für Ihr persönliches Leben und Wohlbefinden. Und da dürfen Sie völlig beruhigt sein, denn Sie werden auch in Zukunft guten Gewissens und aufrechten Hauptes durch's Leben gehen, ohne je Ihr Gesicht zu verlieren. Es ist rechtlich gar nicht möglich, Sie für Ihr Tun zur Verantwortung zu ziehen, da „alle von Ihnen gemachten persönlichen Angaben dem Datenschutz unterliegen", wie es in dem Anschreiben des Revisionsleiters so schön heißt. Und wir wissen: Diese Bestimmungen zum Datenschutz werden in unserem Lande sehr streng eingehalten – vor allem betroffenen Opfern gegenüber.

Gesine Skoerat

Hangover

Nach dem Aufwachen funktionierte noch alles auf Autopilot: Zähne putzen, duschen, anziehen - wie es sich für einen ganz normalen Freitag, den Dreizehnten gehört. Der jähe Absturz meines Betriebssystems übermannte mich erst am Frühstückstisch. Schon beim ersten, schleppenden Gedankengang meines Brummschädels hatte ich bereits den Hauch einer Ahnung, dass es mir gestern gelungen war, einen Fehler apokalyptischen Ausmaßes zu begehen.
Reuevoll schluchzte ich mich eine Weile durch das Morgengrauen, bis ich mich in einer Art trotziger Restwürde aufraffte, meinen Arbeitskollegen anzurufen.
Also..., verteidigte ich mich erst einmal, glaubst du, ich hätte gestern vielleicht Lust auf eine kleine Tragödie überschaubaren Ausmaßes gehabt?
Er riet mir, besser nicht zur Arbeit zu kommen - weil das gestern wohl nicht eine meiner besten Ideen gewesen sei.
Ich brauchte dringend ein Attest, eine Absolution, eine neue Stadt - eine Stadt ohne Erinnerungen...
Was sollte ich bloß meinem Hausarzt sagen? Dass ich gestern an akuter Affektinkontinenz litt, weil ich „mit der Gesamtsituation" nicht mehr klarkam?
Weil es mir seit einiger Zeit ziemlich unergiebig vorkam, einem anderweitig verheirateten Herrn aus dem gehobenen Management als Geliebte „Ausgewogenheit zu verschaffen"?
Vermutlich hat der mich in seinem Filofax unter „G-Punkt" abgespeichert – unter all den anderen Egofucks seines Silberrücken-Lebens.
Als er mich gestern mal wieder turnusmäßig besuchte, hatte

ich einen Scheißtag hinter mir. Und eigentlich war mir nicht mehr nach einem enthusiasmierten Empfang in High Heels und Strapsen und einer roten Rose zwischen den Zähnen. Ich hatte ernsthaft in Erwägung gezogen, ob ich ihm nicht lieber mal einen Geschenkgutschein für den Puff...
Vielleicht war ich nach einer Flasche Prosecco auch etwas albern, als ich durch die Gegensprechanlage mit Greisinnen-Stimme gerufen habe: Ist da das „Schnackseln auf Rädern"? Kommen sie nur rauf, junger Mann!
Er hat das nicht lustig finden können. Vielleicht ist es ihm auch nur peinlich gewesen, dass meine dicke Nachbarin neben ihm stand und alles mit angehört hat.
Soll sie doch! Die hat mich schon am frühen Morgen im Treppenhaus angekeift, ich könne gar nicht den Flur gewischt haben, sie würde ja noch ganz genau die Tapse ihres Yorkshires sehen. Da habe ich ihr geantwortet, ich sei auf dem Weg zur Arbeit und hätte jetzt keine Zeit für Belanglosigkeiten. Und außerdem wäre ich sowieso dafür, dass dicke Frauen keine Hunde mehr anschaffen dürfen, die zwischen ein Brötchen passen.
Gerade im Büro angekommen, kam unser Azubi mit einer Liebesbotschaft unseres Müllbeauftragten, Hausmeister Krause: IHREN MÜLL SCHOHN WIEDER NICHT ORDNUNKSGEMÄSS GETRENNT! Hochachtungsvoll, Krause.
Die scharfen Krallen der Banalität legten sich um meinen Hals.
Na, was haste wieder angestellt, Junge? Kondome in die Biotonne verklappt?
Wieso ich? Was weiß ich denn, wie man Müll trennt?
Solltest du aber eigentlich wissen: MÜ - HÜLL. Comprende?
Mein chronisch missgestimmter Kollege initiierte so etwas wie ein Lächeln. Ich gab mich überrascht: Machen dich heute deine Medikamente so verspielt, oder hast du einfach mal

gute Laune?
In der Mittagspause bin ich dann schnell noch bei meiner Mutter vorbei. Die hatte mal wieder an allem etwas auszusetzen: meiner Frisur, meiner Figur, meinem Outfit. Ich sage: Gibt es eigentlich irgendetwas an mir, das deine Zustimmung findet?
Antwortet sie: Ich bin deine Mutter. Ich MUSS dich liebhaben...!
Dann ist sie mir mit ihren larmoyanten Monologen mal wieder so ernsthaft auf den Keks gegangen, dass ich eine diskrete Sterbehilfe mit einem ihrer handbestickten Sofakissen in Erwägung gezogen habe.
Statt des Vollzugs bin ich lieber schnell zu meiner Freundin Iris geflüchtet, ein Kübelchen Misslaunigkeit austauschen. Und während ich gerade dabei bin, ihr den ganzen Mist zu erzählen, greift die wieder mittendrin nach ihrem Handy, um nebenbei SMSen zu empfangen und zu beantworten. Die hätte auch sagen können: „...laber ruhig weiter – hier kommt was wirklich Interessantes!"
Dass ich ihr das Teil einfach mit einem Karateschlag aus der Hand geschlagen habe, tut mir echt leid. Die halten aber auch nichts aus, diese Dinger!
Also wieder zurück ins Büro, diesem Schandasialand der Eintracht, und ganz nebenbei meine Internet-Bekanntschaften abgecheckt: Dönermitalles@ will mich kennenlernen! Oha. Was macht frau mit einer Cyber-Bekanntschaft? Bringen wir dann beide unsere Laptops mit in die Kneipe, setzen uns nebeneinander und tippen drauflos...?
Ich antwortete ihm also: „Nö" und dachte: was soll ich mit einem BAK (BesserAlsKeiner)?
Während ich mich dann für die Dienstbesprechung vorbereitete, summte mein Handy: ein weiteres Mitglied meiner dysfunktionalen Familie erheischte meine Aufmerksamkeit.
Meine Schwester.
Meine heulende Schwester. Sie ist da nämlich in etwas hin-

eingeraten: meinen Schwager.
Nun sind sie aber bis dass der Tod sie... und bis dahin will er wohl noch mal so alles mitnehmen, was nicht bei drei auf den Bäumen ist.
Schwester heult. Ich tröste. Alles wie immer. Nur heute sage ich noch: Gib ihn mir doch bitte mal...
Unser Gespräch ist kurz. Ich habe nicht vor, mit ihm zu kämpfen. Kämpfe nie mit einem Schwein. Dabei werden beide schmutzig – und dem Schwein gefällt das.
Ich winke also nur mit der Aussicht, ihm bei meinem nächsten Besuch heiter ins Gemächt zu treten und schließe unsere kleine Konversation mit den freundlichen Worten: ...du Arsch!
Eine Stunde später, im heiteren Strudel meines Arbeitstages: Dienstbesprechung. Dieses nette Plauderstündchen meines Vorgesetzten konnte man wieder echt knicken – ich hatte schon bessere Gespräche mit meinen Wollpullis. Sein Ersprochenes entbehre mal wieder jeder Grundlage und meine Sehnsucht schrieb mit Leuchtschrift an die Wände meiner Seele: HALT'S MAUL!
Und wie er da mal wieder in den üblichen Parametern männlicher Dominanz daherlaberte, habe ich Widerstandsnomade mir einfach mal den Spaß gemacht, ihm vor versammelter Mannschaft zu widersprechen. Schließlich war ich so damit beschäftigt, Recht zu haben, dass ich ihm am Ende auch noch ganz freundschaftlich gesagt habe, ich wolle mir von ihm seine permanenten Zumutungen einfach nicht mehr als „Herausforderungen" schönreden lassen.
Gut, ich hatte jetzt von den Kollegen nicht direkt eine Solidaritäts-Polonaise erwartet – aber dass die alle so penetrant geschwiegen haben...
Mein Chef hat mir dann ernsthaft geraten, meine „Anspruchs- und Erwartungshaltung" doch mal genauer zu überprüfen.
Diesem Vorschlag bin ich dann auch am Abend brav gefolgt.

Man nehme schwelende Konflikte und tunke sie in Alkohol. Schon nach einem Fläschchen Prosecco, einer Flasche Rotwein schwersten Kalibers und ein klein wenig Introspektion war mir klar, wie Recht der mir Vorgesetzte doch hat: wie kleinlich von mir, nicht mehr in Duldungsstarre und ohne den Sonnenschein der Ermutigung in seinem Hamsterrad strampeln zu wollen!

Meinen diesbezüglichen Erkenntnisgewinn habe ich dann nach Mitternacht noch zu meinem Plaisier in einer Mail zum Ausdruck gebracht: Ich hätte mich wohl schon zu lange im Dunstkreis patriarchalen Deppentums aufgehalten und würde es daher vorziehen, meine Trennungskompetenzen dahingehend zu erweitern… ich könne schließlich JEDERZEIT und ÜBERALL was Besseres finden… jawollja!

Und habe trunken vor Wonne auf „Senden" gedrückt.

Volker Schmid

Modernes Blankomärchen zum Selbstausfüllen

_____ {hier wahlweise nichts oder ein Der/Die/Das gefolgt von einem Adjektiv einfügen, das für einen allgemein als wünschenswert erachteten Charakterzug steht oder das Bedauern hervorruft, z.B. tapfer, arbeitslos, klein, gewitzt, ... } _____
{hier gewünschte Hauptfigur – Berufsbezeichnung, Tier, Jugendstadium, Mann/Frau, oder auch gleich den Namen – einfügen, gerne auch in verniedlichter Form} und _____ {hier wahlweise gar nichts, einen Widersacher oder eine helfende Figur einfügen, ggf. auch vor der Hauptfigur}

Es war einmal...

ein/eine _____ {Hauptfigur}
_____ {hier wahlweise „namens" gefolgt vom Namen der Hauptfigur einfügen, möglichst mit hellen Vokalen, z.B. Hänsel, Gretel, äh... Moment, zu veraltet, sagen wir Kevin, Jenny, ...}, der/die/das den/das Ziel/Wunsch/Traum hatte, _____ zu _____ {hier Ziel/Wunsch/Traum einfügen, z.B. Wahl zum/zur Mr./Miss World oder Dschungelkönig/in, Bill Gates mit einem Grippevirus infizieren oder einfach ein ruhiges Leben in einem Häuschen im Grünen, um den Burnout auszukurieren}. Doch durch _____ {hier Tat/Fügung des bösen Elements (s.u.) einfügen, z.B. Rufmord, Kon-

zernübernahme mit anschließender Rationalisierung, Mobbing} eines/einer _____ {hier böses Element einfügen, z.B. Schicksal, intelligentes Design, Arbeitsstress, Bild am Sonntag, fiese Konkurrenten, Stiefvater/-mutter (gehören zu den zeitlosen Bösewichten), Psychopath, Finanzhai, beliebiger Diktator, ...} geriet der/die/das _____ {Hauptfigur} in eine bittere Notlage: _____ {hier nähere Beschreibung der Notlage einfügen, z.B. Vergiftung, Entführung, Unterschichtendasein, Nominierung, unmittelbare Lebensbedrohung durch das böse Element, ...}.
Aber weil der/die/das _____ {Hauptfigur} reinen Herzens war, kam ihm/ihr ein _____ {helfendes Element einfügen, z.B. eigener Einfallsreichtum oder Mut, Glücksfall, Lottofee, Rechtsanwalt, oder auch ein Wunder wie etwa ein couragierter Mitbürger...} zu Hilfe, und die Gefahr wurde abgewendet. Nicht nur das, auch sein/ihr Wunsch/Ziel, _____ zu _____ {Wunsch/Ziel} wurde am Ende noch erfüllt. _____ {hier wahlweise zusätzliche Belohnung einfügen, z.B. Bundesverdienstkreuz, Geld, bundesweit ausgestrahlte Hochzeit mit Prinz/Prinzessin, Geld, Wahl zum Mensch des Jahres in beliebigem Privatsender, Umarmung von Bundeskanzler/in (puh, das „/in" ist echt schwer gefallen), Aktien – ach, quatsch, sagen wir... Geld, ...}.
Der/Die/Das _____ {böses Element} wurde für seine/ihre üblen Taten bestraft, indem _____ {hier Art der Bestrafung – möglichst fies – einfügen, z.B. öffentliche Steinigung durch Bild am Montag, Vergiftung, Zwangsmitgliedschaft in beliebiger Feindbildpartei, ...}.

Und wenn er/sie/es nicht gestorben ist/sind, dann lebt/leben er/sie/es noch heute.

Jiri Kandeler

(Not) Funny Germans

The Germans tell to everyone:
„First the work and then the fun!
This is the philosophy
for our strong economy."

But what the Germans never say:
that it's a very joyless way
where fun will never come for you,
because there's always work to do.

Alle Wunden heilt die Zeit

Der Mensch sagt gern im Fall von Leid:
„Alle Wunden heilt die Zeit!"
Doch lässt die Zeit dich mal gesunden,
schafft sie nur Platz für neue Wunden.

Günter Specht, nichts hören

Widmung

Dieses Buch ist meinen Kindern gewidmet, in Erinnerung an ein sehr turbulentes und denkwürdiges Jahr 2012, als die Welt doch nicht unterging.

Franziska Röchter, im Februar 2013

die kiste um uns sei nur schutz
sagen die einen
die anderen sagen: gefängnis/
von hier aus jedenfalls
erklären wir uns die welt
naja... so gut es geht
Günter Specht

Die Autorinnen und Autoren

Andresen, Lorenz-Peter, *1963, Wanderup, tätig als Verwaltungsfachkraft in einem Flensburger Großunternehmen. Über fünfzig Veröffentlichungen von Prosa und Lyriktexten in mehr als dreißig Anthologien sowie des Romans „Der Codex des Papstes" und des e-Book „Tödliche Triebe".

Brakhage, Hans, *1950, Österreicher und seit 1968 Autor, war viele Jahre in der Werbung und Theaterfotografie sowie als People-Fotograf tätig. Mitglied im Westdeutschen Autorenverband Düsseldorf. Gründer des Düsseldorfer Arbeitskreises für „Gebrauchsliteratur" von 1982 – 1989; Co-Autor und Co-Herausgeber der „Tympan" Literatur-Zeitschrift; Initiator des Düsseldorfer Arbeitskreises „Schreiben als Selbsterfahrung – Selbsterfahrung durch Schreiben". Zahlreiche Anthologie-Veröffentlichungen in verschiedenen Verlagen. www.brakhage.info

Hader, Josef, *1962 in Linz an der Donau, lebt in Naarn im Machlande (Oberösterreich). Nach dem Abitur an einer Höheren Technischen Lehranstalt absolvierte er ein Studium der Betriebswirtschaftslehre. Seine Gedichte sind in Anthologien und Zeitschriften erschienen. „Rolle du Knolle" lautet der Titel seines ersten Gedichtbandes, der im März 2010 erschienen ist und bereits in der 2. Auflage vorliegt. Der Lyriker Josef Hader ist der Cousin des gleichnamigen bekannten Wiener Kabarettisten und Schauspielers. www.josefhader.at

Hornauer, Jan-Eike, *1979, leidenschaftlicher Textzüchter (freier Lektor, Texter, Autor und Herausgeber), wohnt in München. Erster Band nur mit eigenen Texten: „Schallende Verse. Vorwiegend komische Gedichte" (Lerato 2009). Herausgeber und Mitautor mehrerer Prosa-Anthologien, zuletzt „Grotesk! Eine Genre-Anthologie" (Candela 2011) sowie der Lyrik-Sammlung „Wortbeben. Komische Gedichte" (Lerato 2007). Dazu Veröffentlichungen in Anthologien und Literaturzeitschriften sowie im Radio. Zweiter Vorsitzender des Münchner Künstlervereins REALTRAUM. Gehört zu den größten Literaten Deutschlands (exakt zwei Meter Körperlänge). www.textzuechterei.de

Jatzek, Gerald, lebt als Autor, Musiker und Journalist in Wien, schreibt für Kinder und Erwachsene; Staatspreis für Kinderlyrik 2011; aktuelle Veröffentlichungen: Rabauken-Reime (Residenz Verlag, 2011); Der Schnüffelbold (Kinderbuch, Obelisk 2012); Der Hund ist tot (Kurzgeschichten mit B. Beyerl und M. Chobot, Löcker Verlag 2012).

Kandeler, Jiri, *1968 in Berlin, österreichischer Staatsbürger, Diplom-Politologe, freier Autor, Geschäftsführer von Remmi-Demmi e.V. (Freier Träger der Jugendhilfe mit Kindertagesstätten in Berlin); Publikationen (Auswahl): Kinder lernen Umwelt schützen – Handbuch für Umweltpädagogik in Kindergarten und Grundschule, Natur&Umwelt Verlags GmbH (BUND), Berlin, 2005; Rettet die Schneemänner – Ein umweltpädagogisches Kinderbuch über den Klimawandel, Pendo Verlag, München, 2007

Kerschbaumer, Ju Sophie, *1953 in Wien, lebt auch dort. Ausbildungen als Kunsttherapeutin, Kreativcoach, Tiefenpsychologin, Pädagogin. Veröffentlichungen von wissenschaftlichen Texten im Zusammenhang von Bild und Wort in Form zweier Diplomarbeiten. Schreibt Traumtagebücher in Lyrik und Prosa. Erste Veröffentlichungen in div. Zeitschriften wie DUM, Driesch, Reibeisen und Zeitschrift des Österr. Schriftsteller/innenverbandes in Ö., Maulkorb

(Dresden) und Anthologien.

Knopp, Dr., Anke, *1965, Politikwissenschaftlerin, Studium der Politikwissenschaften, Germanistik, Romanistik an der WWU Münster, Magister Artium zur deutschen Asylpolitik, Promotion „Bürgerbeteiligung in der Gemeindeordnung NRW", Autorin von Sachbüchern, Ex-Kommunalpolitikerin, Sprecherin „Demokratie wagen!" in der Bürgerinitiative Gütersloh, Publizistin, Public Affairs für die Bertelsmann Stiftung, heute Projektmanagerin und Social Media Administrator „Zukunft der Integration" der Bertelsmann Stiftung, Bloggerin „Blickpunkt aus Gütersloh".

Lang, Fred, Autor und Fotograf, wohnt in einem Dorf an der Niederelbe bei Hamburg und schreibt Gedichte und Kurzgeschichten - oft mit dem gewissen Augenzwinkern. Drei Bücher, zwei CDs sowie zahlreiche Veröffentlichungen von Lyrik und Prosa auf Literaturseiten im Internet und in diversen Anthologien. www.fred-lang.de

Leuschner, Markus, *1975, Veröffentlichungen in Zeitschriften und Anthologien, Entwurf/Druckvorstufe für Kunstkarten mit eigenem Text und Bild (Fotografie).

Mathies, Susanne, *1953 in Hamburg, studierte u.a. an der Freien Universität Berlin Betriebswirtschaft, dann Philosophie. Seit mehreren Jahren Unternehmensberaterin in Zürich. Schreibt auf Deutsch und Englisch, hat bisher vor allem Kurzgeschichten veröffentlicht und damit verschiedentlich Preise gewonnen. Im Frühling 2012 erschien bei orte ihr erster Krimi „Taubenblut in Oerlikon".

Minrath, Sigrid, *1958, Übersetzerin. Ein Mann, ein Haus, kein Boot, zwei Kinder, zwei Papageien. Auf der Suche nach neuen Ufern gelegentlich gerne schreibend, Veröffentlichungen von Kurzgeschichten und Gedichten. Motto: Der Alltag ist der wahre Krimi.

Neuhalfen, Thomas, *1960, wohnt in Bornheim. Diverse berufliche Stationen als Mathematiker, Einzelhändler, Software-Entwickler, Übersetzer und Dolmetscher. Immer schon Musiker gewesen. Und, na ja, Dichter.

Nickel, Marcus, *1976 in Pforzheim, derzeit in der Sicherheitsbranche beschäftigt, seit 1995 als Autor tätig und seit 2004 diverse Beiträge in Magazinen und Anthologien, u. a. in den „best german underground lyriks"-Publikationen (2005-2007) und in der „Blackbox Germany 2011" des Acheron-Verlags, in der „Macondo – Edition 14" und 2012 in „Pfeffrige Sünde – Habanero Red", chiliverlag.

Niermeyer, Sandra, *1972 in Melle/Niedersachsen, lebt in Bielefeld. Für einen Auszug aus ihrem Roman erhielt sie den Würth-Literaturpreis der Tübinger Poetik-Dozentur und den Förderpreis des Landes Nordrhein-Westfalen für junge Künstlerinnen und Künstler in der Sparte Dichtung und Schriftstellerei. 2007 bekam sie den Marlen-Haushofer-Literaturpreis der Stadt Steyr. Ihre Kurzgeschichten und Erzählungen sind in zahlreichen Anthologien, Zeitschriften und Zeitungen erschienen, zum Beispiel Bella Triste, Entwürfe, Das Magazin, Macondo, Gazette, Am Erker, Signum, taz, Freitag.

Pauwels, Michel, *1973, lebt in Bielefeld. Hat im Laufe der vergangenen 10 Jahre aus dem Schreiben ein Hobby entwickelt. Dieses hegt und pflegt er, und um seine Freude daran mit vielen Menschen teilen zu können, reist er durch halb Deutschland, um dem Publikum auf Lesebühnen und Poetry Slams seine Texte vorzutragen.

Rohn, Lina, *1993 in Hannover, verbrachte ihre Kindheit in der Nähe ihrer Geburtsstadt. Ihr Lieblingsschulfach Deutsch führte zur Teilnahme an einer Schreib-AG am Gymnasium, obwohl sie eine andere Schule besuchte. U.a. Veröffentlichung in der „Bibliothek deutschsprachiger Gedichte - Ausgewählte Werke XV". Dort wurde ihr Gedicht „Der Uhrmacher" abgedruckt.

Röchter, Franziska, wurde als Österreicherin im Weserbergland geboren. Arbeitsgebiete: Lyrik, (Kurz)prosa, Kulturjournalismus, Poetry Slam, Lesungen, chiliverlag. Mehrere Gedichtbände, Poesie-CD, Herausgabe eines Veggie-Buches und weiterer Bücher. „eine sozial engagierte und hochlebendige lyrikerin und spoken-word-künstlerin"/ Tentakel Literaturmagazin OWL. www.franzis-litfass.biz

Ruhenstroth, Edmund, *1936 in Gütersloh, Ausbildung zum Holzbildhauer, Industriekaufmann. Mitglied im Autorenkreis „RUHR-MARK" in Hagen; Arbeitsgebiete: Heimatgeschichte, Gedichte, Glosse, Reportage, Reiseberichte, Kurzgeschichten. Seit 1974 Beiträge in Zeitschriften und Zeitungen, in verschiedenen Anthologien und Heimatkalendern sowie in eigenen Bänden.

Sawall, Tanja, *1975 in Salzgitter, gelernte Arzthelferin, ist in einer Sprachschule tätig. Sie schreibt gelegentlich Prosa, aber überwiegend Lyrik - hauptsächlich den unvergänglichen Themen Liebe, Leid und Leidenschaft gewidmet. Abgerundet wird diese Passion durch zahlreiche Veröffentlichungen in regionalen Zeitungen sowie in verschiedenen Jahrgängen „Ausgewählte Werke" der „Bibliothek deutschsprachiger Gedichte" und in weiteren Anthologien wie „herz.rhythmus.störung", „Das Spinnennetz der Sappho", „Pfeffrige Sünde - Habanero Red" und „Seelenfeuer".

Schätte, Lena, *1993, wohnt in Iserlohn und ist Schwesternschülerin an einer Pflegeschule. Sie nimmt mit Erfolg an Poetry Slams und Schreibwettbewerben teil. 2011 belegte sie den 2. Platz beim 1. Altenaer Poetry Slam. Sie hat bereits in Anthologien und in der Schweizer Literaturzeitschrift „Bierglaslyrik" Texte veröffentlicht.

Schmid, Volker, *1979 in Nürtingen, wohnt derzeit in Baden-Württemberg. Nach dem Abitur am Max-Planck-Gymnasium in Nürtingen 13-monatige Zivildienstzeit im Labor der Städtischen Kliniken Esslingen. Ab 2000 Biologiestudium in Tübingen, Mitarbeiter in einem deutsch-brasilianischen Forschungsprogramm, abgeschlossene Promotion an der Universität Regensburg. http://homepages-nw.uni-regensburg.de/~scv16916/index.htm

Schumacher, Andreas, *1981 in Bietigheim-Bissingen (Baden-Württemberg), lebt in Walheim, schreibt Prosa und Lyrik. Gedichtband Herr der Möhren (Poesie 21), Veröffentlichungen in vielen Zeitschriften und Anthologien. www.andreasschumacherinfo.de

Siepler, Werner, *1946 in Bochum, wohnt seit 37 Jahren in Wattenscheid-Höntrop. War bei der Stadtverwaltung Bochum als Verwaltungsangestellter beschäftigt und ist seit Ende 2007 im Ruhrstand. In gereimten Versen sinniert er seit über zwanzig Jahren zum Nachdenken anregend über die Menschen und ihre Marotten und zieht teilweise Parallelen zwischen Mensch und Tier.

Skoerat, Gesine, *1955, wohnt am Niederrhein und schreibt aus reinem Vergnügen und Spaß. Bislang veröffentlichte sie hauptsächlich unter diversen Pseudonymen im Internet und in diversen Schreibforen. Ihre Gebiete sind Kurzprosa, Kurzgeschichten, Satiren.

Specht, Günter, seit 1993 Initiator des Spechtartprojekts; seit 1993 Herausgeber des Künstlermagazins ‚labyrinth'; seit 2000 Herausgeber der Kunstedition ‚de böx'; seit 2000 arbeitet er als freiberuflicher Informationskünstler und verwendet „neben der banalen alltagswahrheit noch viele andere/ zb. wahrheiten mit nur 20-75% reinheitsgehalt, zuweilen auch total wahrheitsfreie fakten/ also das reinste was des menschen geist zu bieten hat/"; seit 2001 Organisator des Internettreffpunkts www.spechtart.de; beruflicher background: „grafikerfotograftexter, konzeptionerorganisator, werbeagenturbetreiber, berater für kommunikation, marketing und auftritte aller art". Günter Specht ist neben vielem, wie z.b. „poesieaktivist, vor allem auch cartoonist/ seine schwärzeren schöpfungen signiert er zuweilen mit ‚blackbird' oder ‚frac tokzisch'/ denn gsp. gehört zu der spezies der mehrpersonen.g.m.b.h.'s/". Er betreibt im Netz das Güterslohtagebuch, zu finden unter www.guenter-specht.de

Spindler, Gerda, *1959 in Niederbayern, wohnhaft in Allershausen/Oberbayern. Berufe: Hotelfachfrau, spätere Weiterbildung zur Fremdsprachensekretärin/Englisch. Derzeitige Beschäftigung: Soziale Betreuung im ortsansässigen Seniorenheim, wo sie eine Literaturwerkstatt ins Leben gerufen hat.

Stückemann, Frank, *1962 in Bielefeld, bis 1987 Studium der Ev. Theologie in Münster, ab 1991 Gemeindepfarrer. Übersetzungen (Corbière 1992, Cros 1993 und 1995, Laforgue 2002), Arbeiten zur Kirchen-, Literatur- und Kunstgeschichte (Germanisch-Romanische Monatsschrift, Archiv für das Studium der neueren Sprachen und Literaturen, Sinn und Form, Jahrbuch für Westfälische Kirchengeschichte, Pietismus und Neuzeit), 2009 Promotion über den westfälischen Aufklärer J. M. Schwager (1738-1804).

Urban, Klaus, em. Professor für Sonderpädagogische Psychologie an der Universität Hannover. Seit über vierzig Jahren wissenschaftlich und literarisch schreibend tätig. Als Liedermacher trat er mit seinen Songs und Balladen vielerorts auf, u.a. mit dem Goethe-Institut im Ausland. Spielt Tucholsky- und Brecht-Programme mit eigenen Vertonungen. Nach zwei früheren Single-Platten erschien 1995 die Live-CD „Das Blaue vom Himmel"; eine ganze Reihe seiner Gedichte wurden in verschiedenen Anthologien publiziert. Er schreibt auch (satirische) Kurzprosa und experimentiert mit Sprachspielereien, insbesondere Anagrammen. Mitglied des VS und seit drei Jahren Poetry Slammer. 2011 hat er von 45 Slams 26 gewonnen, u. a. den 10. ARTE-Web Slam und den Mindener Ü40-Slam. 2012 gewann er 25 von 55 Slams, wurde niedersächsisch-bremischer Vizemeister und gelangte bis ins Finale der besten neun bei den Deutschen Poetry-Slam Meisterschaften 2012 in Heidelberg/Mannheim. www.klausurban.com

Völkert-Marten, Jürgen, *1949 in Gelsenkirchen, lebt dort. Bisher 23 Einzeltitel, zuletzt „Als das Verwünschen noch geholfen hat" (Marklkofen, 2009). Einige Literaturstipendien (u.a. Auslandsreisestipendium des Auswärtigen Amtes) und –preise (u.a. Kogge-Förderpreis der Stadt Minden).
Ausführlichere Informationen im Internet unter www.nrw-autoren-im-netz.de oder www.literaturport.de (Autoren)

Wallrabenstein, Gábor, *1951 in Budapest, nach Schulbesuch in Bielefeld Ausbildung zum Schriftsetzer, Studium der Visuellen Kommunikation an der FH Bielefeld, FB Design. Autodidakt der ersten Stunde (1984) beim WYSIWYG-Layout mit elektronischen Werkzeugen. Mitglied des Redaktionsteams der „Viertel" im Bielefelder Westen. Nach 30 Jahren Selbstständigkeit mit einem Designbüro erfolgt derzeit eine Neuorientierung in Zielrichtung Freie Kunst mit verschiedenen Techniken und Medien wie Fotografie/Film, zeichnerische Darstellung, Malerei, Computergrafik, Musik und Schreiben. Persönliches Motto: „Nutze den Tag und genieße ihn, als sei es dein letzter. Mal sehen, wohin der Wind uns trägt…"

Westermaier, Richard, *1959, lebt und arbeitet in München als Videoproduzent und Autor. 10 Jahre redaktionelle Mitarbeit in Fernsehredaktionen des Bayerischen Rundfunks. Film über München (45 min., dt./ engl.). Co-Autor und Regisseur bei 48 Folgen der Web-TV-Serie „Wildbachtoni" („Titanic" und „sueddeutsche.de"). Weitere satirische Kurzfilme unter comedyner.de. Herstellung des Lyrik-Videokanals dasgedichtclip.de. www.westermaier-medien.de

Wiegelmann, Norbert J., *1956 in Bochum, wohnhaft in Arnsberg. Verwaltungsjurist. Literarische Veröffentlichungen in gut zwei Dutzend Anthologien (Lyrik, Kurzprosa). Außerdem Reiseberichte in Zeitungen sowie Glossen und Buchrezensionen in Fachzeitschriften.

Winter, Bernhard, *1954 in Augsburg; Psychotherapeut in freier Praxis und Mitarbeiter in der Behindertenhilfe; Frühere berufliche Stationen: Kinder- und Jugendhilfe, Bürgermeister; seit 1992 Kurator der Dialogreihe „Schwabener Sonntagsbegegnungen"; Veröffentlichungen: u.a. „warum der Fuchs der Apfelbaum?", 2011, München, Verlag St. Michaelsbund; Sonderpreis der Jury beim Literaturwettbewerb des Deutschen Caritasverbandes 2011 „Barrieren überwinden". www.winternetz.net

www.ingramcontent.com/pod-product-compliance
Lightning Source LLC
Chambersburg PA
CBHW031627160426
43196CB00006B/317